崖っぷち夫婦が"副業"で年収1000万円産み出した

「妻リッチ」起業術！

お金のソムリエ協会会長
坂下 仁 監修

どん底だった元レースクイーンママ社長®
古川美羽 著

■監修の言葉
〜世の中には「再現性があるメソッド」と、「再現性のないメソッド」がある〜

「たったこれだけでアッという間にあなたもお金持ち！」

なんていう美味しい話はこの世には存在しません。
もしあれば、全員がとうの昔に億万長者になっています。

でも、パートやアルバイトほど過酷でなく、起業のように難しくもなく、副業よりも稼げて、趣味と同じくらい楽しめる方法でよろしければ、この本がお役にたてるかもしれません。

将来の不安もなくなって、育児や家事や本業とも両立できて、夫婦仲がどんどん良くなる、というおまけ付きです。

本書ではそれを「妻リッチ起業術」と呼んでいます。

監修者の私がなぜ、いきなりこんな話を切り出すのか？

それは私がこのメソッドの原型となった「妻社長メソッド」の生みの親だから。

世の中には「再現性があるメソッド」と、「再現性のないメソッド」があります。

「再現性がある」とは、正しい手順さえ踏んでいれば、誰がやってもうまくいくということ。だから再現性があるかどうかは、成功する人が多いか失敗する人が多いかを見れば、簡単に分かります。

そしてもし、妻社長メソッドに再現性が無かったとしたら、私が監修者になることは永遠に無かったことでしょう。

論より証拠、2014年に『いますぐ妻を社長にしなさい』(サンマーク出版)という本を通してこのメソッドを一般公開した後、プライベートカンパニーの設立件数が急増しました。

5年間で12万件以上のプライベートカンパニーが設立されているのですが、私の著書『いますぐ妻を社長にしなさい』シリーズ2作の発行部数と一致しているのも、単なる偶然ではないような気がしています。

そして今の時代において再現性は、私達にとって必要不可欠な条件となりつつあります。なぜなら今の世の中は、何が起こるかを予測することが難しい時代になりつつあるからです。

人生には「上り坂」と「下り坂」と「まさか」があると言われます。あなたにも心当たりはあるのではないでしょうか?

実は人生だけではなく、時代や歴史にも同じように「3つの坂」があります。高度成長期とバブルを生んだ昭和は「上り坂」でした。失われた30年で停滞した平成は「下り坂」でした。

そして令和の時代は何が起こるか分からない「まさか」の時代なのです。そんな「まさか」の時代だからこそ、再現性という拠り所が必要となる。

本書には、「妻リッチ起業術」の実践者が何名か紹介されていますが、登場者の全員が「まさか」の洗礼を受けています。

著者の古川美羽さんの人生も、荒波に揉まれる小舟のような「まさか」の連続でした。

かく言う「坂下仁」本人に至っては、心臓破りの「上り坂」と、崖のように転げ落ちる「下り坂」と「まさか」という落とし穴のオンパレードで、一度も平坦な道を歩んだことがありませんでした。

そんな「坂」だらけの人生なのに、二人ともそのことを糧にジェットコースター感覚で楽しんで、将来安心できる収入と資産を得られることができたのは、すべて「妻リッチ」起業術メソッドのおかげなのです。

では具体的にどんなメソッドなのか？

それは、どん底のゼロから体現した古川美羽さんが、これからじっくりお話ししてくれます。

ぜひ、ココロを開いて素直に読み進めてください。

坂下 仁

まえがき

自分で世界をどんどん切り開いていきましょう！

この本を手に取っていただきまして、ありがとうございます。

私は現在、子育てをしながら、合同会社のママ社長として、不動産投資を中心とした起業をしています。

おかげさまでOL時代の4倍の収入を小さな子どもを抱えつつ、おうちにいながら得られるようになりました。

よく「古川さんはいつも余裕があって素敵ですね」などと言われますが、最初から順調な人生を歩んできたわけでもありません。

たしかに18歳で飛び込んだレースクイーンの世界は華やかでしたが、楽しいと思ったのは初めだけ。常にオーディションを勝ち抜いて仕事を掴みとらねばならず、年齢が上がるほど大変になってくる業界でした。

タレントに転身したり、アナウンサーになる人もいますが、成功するのはホンの一握りです。

30代でもレースクイーンを続けている、そんな先輩の大変そうな姿を見て早めに転職するも、しばらくするとリーマンショックが起きて会社は倒産しまいました。

その後、就職した企業ではハードワークで体を壊してしまい仕事を辞めることに・・・。

30歳を目前にした私はキャリアも仕事もお金もない状況でした。

女性の体力でも年齢が上がっても、関係なく長く続けられることは何か?

無職時代、ひたすら考えて悩んでいました。

なんとか就職先を見つけたものの、「今後どうしていくべきか」については答えを見つけられないまま過ごしていたのです。

そんなとき、新聞広告で見つけたのが本書の監修でもある、坂下仁氏の『いますぐ妻を社長にしなさい』(サンマーク出版)という一冊の書籍だったのです。

さっそく勉強を始め、「これだ! 妻を社長にするこの起業方法をやろう!」と奮い立った矢先、またまた事件が起きました。

結婚したばかりの夫の会社が不祥事で状況が一変したのです。


今度は夫婦で崖っぷちに立たされましたが、不動産投資による「妻リッチ」起業術をスタートさせていたので不安はそれほどありませんでした。

そして、「妻リッチ」起業術をひたすら実践したところ、収入が3年で年間1000万円になりました。

働き方を変えたことで、私たち夫婦は「お金に振り回される生き方」から「お金をコントロールする生き方」へと変わったのです。


起業して5年が経ち、自分が辛かった暗黒時代を抜け出せた方法を、一人でも多くのご夫婦に伝えたい。

家族で幸せに、生活にゆとりを持って将来の安心を手に入れてもらいたい。

そう思うようになり、講師の仕事を通じてお伝えしています。また、こうして2冊目の著書を執筆させていただいております。

私は若いころから困難が続きましたが、生きていれば誰だって「まさか」の事件が起こりうるでしょうし、ライフスタイルの変化やライフイベントが待ち受けているものです。

結婚や出産、子どもの進学に親の介護、転職、病気をするかもしれません。そして、自分の老後の準備も・・・。

将来の心配もなく、豊かに過ごすためにはお金が必要です。そして「まさか」が起きたときに備えて準備をしておくことも大切ですよね。
祖父母や親の時代なら、まだ一生懸命に勉強をして良い会社に入って、それで定年まで働きさえすれば退職金もしっかりと出る。年金だってきちんと受け取れたので生活もできました。

また手厚い医療制度により、病気についてもほとんどがカバーされていました。

しかし、私たち今の30～40代の世代からは楽観できません。

就職氷河期で非正規雇用も多く、運よく正社員として就職したとしてもリストラの可能性があり、転職も当たり前の時代になりました。家賃補助の廃止や退職金の減額なども当たり前に行われている世の中です。

職業は多様化し、フリーランスも増えています。

年金は、受給開始年齢が60歳から65歳に引き上げられましたが、30代の私たちの老後では受給年齢が75歳まで引き上げられるかも知れません。

再雇用制度がある企業も増えていますが、それでも年金開始までの空白期間をどうするのかが問題になっています。

令和の時代は、60歳以降も収入が得られるように備えておく必要があります。

金融庁も令和元年6月に報告書『高齢社会における資産形成・管理』や、7月にも『高齢社会における金融サービスのあり方』（中間的なまとめ）を公開しました。
これらには「資産寿命の延ばし方」の心構えや、「金融リテラシーの向上が大切である」と記載されています。
つまり、「一人ひとり、自分の老後資金は自分で準備してくださいね」ということですよね。

やはり、若いうちから準備をして「投資教育」を受けたり、「会社員」という働き方に頼らず、他に収入源を見つけることも重要であると再確認しました。
消費税が10パーセントになり、医療費の自己負担率も上がる一方です。今後、豊かに生活を送るためにはどうすればよいのでしょうか。

そんな不安をなくし、将来を家族で豊かに生活する方法として、「妻リッチ」起業術を本書ではお伝えします。

「起業」と聞くと「大変そう」、「リスクがあるかも」と思われがちですが「妻」

が社長になり「法人」を持つことで、サラリーマンでは考えられない額の節税が可能になります。

当然、事業での収益も望めますから、メリットは大きいです。

その浮いたお金で、どれだけ「家計」や「ローンの支払い」がラクになるかを考えてみてください。


日本は税金の国です。いかに税金とうまく付き合っていくかによって、人生で得られるお金は大きく変わっていきます。

サラリーマンとしての収入を得ながら、裕福になる方法が妻を社長にする「妻リッチ」起業術です。


この方法は独身でも、共働き夫婦でも可能な手法です。

キャリアもない崖っぷち状況だった私も、この方法を学び「素直に実践」しました。

決して難しいものではありませんし誰にでもできるので、一歩踏み出すことにより安心を手に入れられました。

お金が全てではもちろんありませんが、お金は「大事な家族」を守ってくれるものでもあり、喧嘩や揉め事の原因にもなります。

もちろん、立派な志の方もいらっしゃいますが、多くの人はまず自分が豊かになってこそ心にも余裕が出てくるのではないでしょうか。

自分が安心で幸福になると、他の方にも貢献する気持ちがわいてきます。

その結果、周りの大事な人たちもみんな幸せになると思うのです。

ぜひこの機会に、「みんなを幸せにする」新しい働き方について知っていただければと思います。

古川 美羽

◆目次

第2章 「妻リッチ」起業はこれだけメリットがある!!

第3章 女性ほど社長に向いている5つのワケ

第4章　「プライベートビジネス」を立ち上げる9つのステップ

第5章　もっと妻リッチになる！「その先」のステップ

第6章　「妻リッチ」成功者事例インタビュー

エピローグ　お金に愛される生き方～監修・坂下 仁氏より～

第1章

「レースクイーンから一転、崖っぷち女子になる」

第1章は華やかなレースクイーンの世界にいた私が、崖っぷち女子への転落。

そこから奮起してママ社長で起業し、年収1000万円を得るまでの軌跡です。

振り返って思うのは、人生はジェットコースターのようなもので上がったり下がったりの急展開ばかり。

これは私だけでなく、多かれ少なかれどなたにも経験があるのではないでしょうか。

①私が「妻リッチ」を目指した理由

私は幼稚園の頃から背が高く、身長の順番で並ぶといつも一番後ろでした。

周りの大人たちから「背が高いね！」と言われ続けてきた影響なのか、いつしか高身長を生かした仕事に憧れを抱くようになりました。

「背の高い人がなる職業は何か？」をよく考えていたものです。

しかし、高校生まではアルバイトが全面禁止でした。

私の通っていた学校は校則が厳しく、髪の毛が染められません。

その髪型も三つ編みで、スカートの丈は膝下10センチ。しかも三つ折りソックスで登校という旧態依然とした学校だったのです。

そのために大人しくせざるを得ず、何も自分の好きなことができないままの高校生活を送りました。

その反動なのか、高校の卒業式と同時にモデルプロダクションへ所属し、念願の身長を生かしたお仕事に就くことができたのです。

モデル活動をスタートしてしばらくすると、某企業が主催するキャンペーンガールの募集がありました。フォーミュラ・ニッポンに属するレーシングチームのスポンサー企業です。

そのオーディションがきっかけで憧れのレースクイーンとなった私は、平日に大学へ通い、土日はお仕事で全国を飛び回る忙しい生活を送ることになりました。

しかし、20歳のときにレーシングチームで一緒だった30歳のレースクイーンの先輩を見て、あることに気づいたのです。

「たしかにレースクイーンを30代、40代になっても続けている人はいる。でも、結婚しないで他にお勤めもない人は経済的にしんどそう。このままだと私も潰しがきかなくなるな。早く方向転換しなければ」と焦ったのです。

先輩たちの中には結婚で退職をする人もいれば、フリーアナウンサーなどに転職する人もいました。

そのようにセカンドキャリアは人それぞれでしたが、いつ方向転換すべきなのか迷いながら年齢を重ねてしまう先輩たちも多く、私にはどんどん生活が大変になっているように見えたのです。

皆が皆、高島礼子さんや飯島直子さんのようにレースクイーンを足掛かりにして、女優として成功するわけではありません。

たとえば宝塚歌劇団を見ていてもわかりますが、引退した後も、ずっとお仕事がある女優さんなんてホンの一握りです。

実際に、女優を目指している先輩たちもいましたが、アルバイトと掛け持ちで舞台のお仕事をしている人が大多数だったのです。

そのような生活も若いうちなら苦にならないのでしょうが、40代、50代になってまで継続できるのかは誰も保証してくれません。

自分を客観的に見て将来を真剣に考えた私は、20代前半のうちにレースクイーンを引退し、ＩＴ関連の会社に転職をします。

平日は会社員として働き、土日にプロダクションから受けたモデルの仕事をするスタイルに変更しました。その当時はウエディングや着物のモデルをしていました。

「なんとか若いうちに方向転換ができてよかった！」

そう安心したのも束の間、転職してから半年後にリーマンショックが起きました。その影響で会社が倒産します。

就職をしてから短期間しか経っておらず、なに一つキャリアを築けないまま会社がなくなってしまいました。

そこで、今度は手に職をつけなければと、美容関係の専門学校に通い、資格を取得後に美容関連の会社に就職したのです。

しかし、その転職先はブラック企業でした。

連日のように帰宅が終電近くになり、あまりのハードさに身体を壊してしまい、今度は退職することになりました。

このように私は、連続して職を失ってしまったのです。

この頃に私が住んでいた地方では正社員の募集が少なく、事務職においては1人の枠に100人もの応募が殺到するような時期でした。

なかなか思うような仕事もなく、とはいえ、これといったキャリアも築けなかったし体力面の心配もある・・・。

さらに年齢を重ねていくことに危機感を覚えました。
このような時は何もかもがうまくいかないことが続くもの。
「また昔の仕事に戻るしかないのかな」と途方に暮れました。
「絶対になりたくない！」と思っていたレースクイーンの先輩の姿が、ひょっとすると未来の自分なのかもと落ち込み、将来についてどうしようか考え込む日々が続いたのです。

②迷走し、たどり着いた「女性の働き方」

この先、どうしようか・・・。
女性の体力でも長く続けられて、キャリアウーマンでなくてもできる仕事って何があるのかな？
今から挑戦すべきはどの方向性なのか？

毎日毎日、今後の働き方について考えて過ごしていました。

転職先が見つかるまではプロダクションの仕事と、企業受付のアルバイトをして何とか凌いでいたのですが、企業に来訪する同年代の女性たちがキラキラと眩しく見えて、いったい私は何をやっているのだろうと自己嫌悪に陥りました。

この時、すでに29歳になっていました。

華やかな世界から一転して、30歳目前にして何者にもなれていない。崖っぷちに立って、片足はもう落ちそうな状態なんだと、ようやく自分の置かれている立場に目が覚めたのです。

しばらく必死で模索した後に、「そういえば私は数学が得意だから経理関係を学ぶべきかも?」と閃きました。

さっそく簿記の専門学校に通いながら、初心者からでも雇ってもらえそうな企業へエントリーシートを送ることにしました。

ようやく私にも運が向いて来たと感じたのは、ある税理士法人での最終面談のとき。

その会社の社長は女性でした。お子さんを妊娠中に税理士試験と離婚を同時に経験し、30代から起業している方だったのです。

色々な人生経験を重ねている女社長から、「今まであなたは何をしていたの？」と質問されました。

私は洗いざらい、これまでの仕事のこと、女性の働き方について素直に感じていること、そしてこれからしたいことをお話したところ、なんと「あなた、うちに来なさい」と誘ってもらえたのです。

採用人数が少ない時代にとても有難かったです。

院卒で24歳の新入社員たちと交ざり、１人だけ30歳の私を雇ってもらえて感謝しました。そこでのお仕事がきっかけとなり、私は「女性の働き方」について大きな気づきがあったのです。

この税理士法人での顧客層は様々でしたが、みなさんに共通していたのが「不動産収入がある」ということでした。

会社員も、自営業者も、専業主婦も、大企業の創業者一族も、みんな不動産から家賃を得ている！

とくに私が気になったのは、「会社員」と「専業主婦」の大家さんの存在です。

今までは、とにかく長く勤めることができて、年齢も関係なくできる仕事は何か？　と探して来たのですが、「不動産から収入を得る人たち」は、職業も年齢も十人十色で私の全く知らなかった世界だったのです。

さらに、運営している物件も豪華なマンションから、○○荘と名のつく家賃1万円のアパートまで幅広く、物件の価格もピンからキリまで。投資手法も様々なので、まさに衝撃の連続でした！

とくに私が驚いたのは、お金持ちの地主の人がやるものと思い込んでいたアパート経営が、決して縁遠いものではないということ。

女性の大家さんや不動産投資に興味ある方もたくさんいて、専業主婦でもできる方法があるのだとわかりました。

その頃から、「私の働き方の1つとしてこれは良いのではないか？」と気づいたのです。

③新聞広告で人生が変わった！　即行動の効果

不動産から収入を得る人たちに気づいてから、ようやく迷走、低迷状態を抜けるための閃きがわいてきました。

ある朝、通勤前に読んでいた新聞の広告欄で、気になる記事に目が釘付けとなります。それは、坂下仁さんの『いますぐ妻を社長にしなさい』（サンマーク出版）という本が発売された広告でした。

妻が社長になる？　いったいどういうこと？

まだ独身なのに、「結婚したらこの本の手法を真似よう！」と勝手に決めた私は、広告を切り抜いて持ち歩いていました。

裏話になりますが、娘の性格を熟知している母親からも同日にメールがあり、「あなたが興味ありそうな本を見つけたわよ」と、同じ本の広告の切り抜きが送られて来たのです。

「ひょっとしたら、これは私への何かのメッセージにちがいない」と信じ込み、その本を購入したのです。

なんとタイミングの良いことに、この数カ月後には結婚も決まり、ずっと本が気になっていた私は、未来の夫に相談しました。

内容を説明したところ、あっさりと「あなたが勉強するならいいよ」と、ＯＫしてもらえました。

そこで、すぐに著者さんへコンタクトをとる手段はないものかとネット検索をしたのです。

やはり、思い立ったら即行動すると面白いことに！

「セミナーを開催します」

そう書かれた坂下さんのホームページにスルスルとたどり着き、タイミングよく申し込めたのです。

その後に確認したら私の申し込んだセミナーは大人気で、なんと数百人待ちになっていました。

やはり閃きや直感で気になったときは、速やかに行動すべきだと確信しました。

この妻を社長にする方法を簡単に説明すると、夫がサラリーマンとして安定したサラリーを稼ぎ、副業禁止の会社に勤めていない妻、もしくは身内が社長になるのです。

その「法人」のメリットを活用しながら節税し、夫婦で資産を増やしていく方法です。

また、この本には運営する事業として、「不動産投資」が紹介されていました。勤めている企業で「不動産収入を得ている人たち」の存在を知り、同じようになりたいと考えていた私にとって、目からウロコの話でした。

まさに、自分がやってみたいと望んでいたものだったのです。

「これこそ女性の新しい働き方だな！」と感動し、さっそく学んだことを実践してみました。

「体力の心配もなく、長く続けられる働き方が見つかったぞ。しっかり学んだら、必ず実践して私も社長になろう！」そう決意したのです。

④夫も収入が減ってしまう!?　でも「ママ社長」なら不安はない

こうして坂下さんのセミナーで3カ月間、じっくり学びました。

投資やお金の真実に関することだけでなく、実際に法人の設立方法から、事業融資を引く際の事業計画書の作成に至るまで学べる内容でした。

とにかく学んだことを素直に実践するのみ！　そう硬く決意していたのには理由があります。

実はセミナーを受講する少し前に、我が家に事件が起こりました。

人生、やはり何が起きるかわからないものです。

20代で将来の不安に悩んでいた私も30代になり、ようやく安定してきたかと思いきや、結婚してすぐ新たなトラブルに遭遇したのです。

「人生には3つの坂がある」とよく聞きますが、私には「まさか」が何度もやって来ています。

その事件とは、夫の会社で不祥事があり、毎日のように大々的にニュースで報じられ、社長が交代しました。

リストラもあり、1年間の給料は今と同額を保障するが、来年はどうなるかわからないと全社員に通達されたのです。

これには私も含め、社員のご家族はかなりのショックを受けたでしょう。

ただ、それまでの私と違うところは、すでに妻リッチ起業の勉強をスタートしていたこと。

自分が社長となり、法人のメリットを活用して夫婦で頑張ろうとしていた矢先の出来事でした。

たとえ夫の給料が変化しようが、それとは関係のないように備えていれば良いのだと気づいていたからです。

会社に事件が起きたことで、「専業」だけでいることのリスクも痛感しました。

決意した私は、夫の給料が変わらない1年間のうちにきっちり学び、実践する行動を繰り返していくことにしました。

こうして「やるしかない！」状況になった私たちですが、妻が社長になるメリットを知れば知るほど、今こそ学ぶことができて本当に助かったと感謝する日々でした。

とにかく学びを、素直に実践することが功を奏したのだろうと思います。

夫と手分けして不動産を探す、そして土日は勉強と実践にひたすら時間を費やしたのです。

⑤年収1000万円の「ママ社長」に!

こうした行動により、本に出会ってから5年が経った現在では、国内と海外に不動産物件（アパート等）を4棟所有できました。

この不動産からの収入（家賃）の合計は、年間1000万円。

おかげさまでいまは、余裕を持って子育てをしながら、安定収入を得られるようになりました。

私は勤めていた会社を辞めて、大家業や講師業など、やりたかった事業に専念しています。

そして、会社と家事、育児の両立に悩むこともなく過ごせるようになりました。

収入のベースができたので、今度は私が昔からやりたかった事業に挑戦しようと考えています。

昔の私なら考えられなかったことができる環境になりました。

ママ（妻）が社長になって、得られるメリットについては次の章で詳しくお話しさせていただきますが、メリットだけではなく「リスク」も減らすことができます！

夫のサラリーのみを頼りに生活している専業主婦の世帯なら、言うまでもありませんが「まさか」があった場合に共倒れしてしまいます。

しかし、妻が社長の「会社」があれば、収入源がもう1つあります。

そのため、「まさか」の事態になった場合でも収入が0にはならず、次の仕事を探す間に備えることができるのです。

さらに、ママ（妻）社長になることにより「自立」することができるため、夫の収入源の有無だけでなく、万が一の事態が起きた場合にも、生活していく能力が身についているから慌てなくて済むのです。

そして何よりも、妻が社長でいることの意味がもう1つあります。

夫が社長の場合なら、奥さんは事業のことを何も把握しておらず、もしも夫が亡くなったら途方に暮れる方が多いでしょう。

会社の経営も、経理関係も事業内容もわからなければどうなるのでしょうか・・・。

とくに不動産賃貸業を事業内容にしていると、各所有物件の状況だけでなく、「運営スキル」や不動産に関する知識を身につけていなければ、事業の引き継ぎ方もわかりません。

また、売却するにも悪徳業者に騙されることもあります。そうなると、処分の仕方を間違えて悲惨な結果になりかねません。

自分だけでなく、残された家族にも影響が出てしまいます。

大変な目に合わないためにも、自分が「社長」になることで、このようなリスクを減らせるのです。

最近のママたちのお悩みで、「仕事と家事育児の両立に限界を感じている・・・」という話題を多く耳にします。

○男性と同等の仕事をすることが体力的に厳しくなってきた・・・
○違う働き方に変えても、収入を確保する方法はないものか?
○育児をゆったりした気持ちでするために、家にいながら収入を得られたら・・・
○今の仕事がこの先もあるのかわからない・・・

このような不安やストレスも、「妻リッチ」起業術で社長になれば解決できるかと思います。

夫婦ともに心も身体も無理なく、しかも未来のリスクにも備えられる方法なのです。

次の章では、さらに具体的な「妻リッチ」起業のメリットについてお話ししていきます！

第2章

「妻リッチ」起業は
これだけメリットがある!!

「妻リッチ」起業とは、夫はいまの職業で働きながら、妻が「ママ社長」になる（ママが社長の会社をつくる）方法です。

収入の柱が2つになることで、どんな状況になっても収入面に不安はなくなります。

「社長」と聞くとなんだか難しいように思えますが、そんなことはありません。

第2章ではママ社長になると、どんなメリットがあるのか？

家庭はどう幸せに変わっていくのか？

この点を詳しくご説明していきます。

限界のある給与の壁を越えて、お金持ち夫婦を目指しましょう！

①税金が減ると、こんなにお金が残ります!

「法人をつくればメリットがある」と、第1章でも触れさせていただきました。

様々なメリットがありますが、なかでも、もっとも大きな法人のメリットは「税金」です。

「法人」は、「個人」よりもかなり節税に向いています。

もしも妻が会社を設立せずに、夫が本業を頑張り収入を上げたとします。

でも、所得に対して「累進課税」が待っているのです。

一般的にも「年収が上がるほど、収める税金も高くなる」ことをご存知の方も多いでしょうが、これは日本が「累進課税」を取り入れているからです。

累進課税とは、年収が上がるにつれ、適用される税率が高くなる仕組みのこ

累進課税の表

（平成27年分以降）

所得税の速算表

課税される所得金額	税率	控除額
195万円以下	5%	0円
195万円を超え　330万円以下	10%	97,500円
330万円を超え　695万円以下	20%	427,500円
695万円を超え　900万円以下	23%	636,000円
900万円を超え　1,800万円以下	33%	1,536,000円
1,800万円を超え4,000万円以下	40%	2,796,000円
4,000万円超	45%	4,796,000円

出典：国税庁「所得税の税率」
https://www.nta.go.jp/taxes/shiraberu/taxanswer/shotoku/2260.htm?fbclid=IwAR2h7Tgp2ga783F6jrjN2Kt52eymzReCb5h4ccRMF-lec0JESknD7yYMbZ4

とです。

そこで、「収入源」を増やすという発想で、妻の設立した「法人」の収益を上げることが有効になります。

個人であれば、収入が上がるほど税金も取られます。

例えば年収が500万円の場合ですと、20％の所得税と10％の住民税がかかります。

でも、これが法人の場合なら、「法人税」と「住民税」を合わせた税率が21％ほどです！

所得税率は、利益が大きくなるほど税金が高くなる仕組みですが、法人税率は利益に対し、原則として一定の税率（比例税率）しか課税されません。

さらに法人は収入に対して、先に経費（後ほどお話しします）を引くことができます。

そして、経費を差し引いた利益に対してのみ税金がかかります。

つまり、法人なら使える経費が個人よりも範囲が広く、税率も圧倒的に法人の方が低いのです。

ですから、自分が収入を上げるのではなく、「ママ（妻）」が法人を設立し、夫婦で協力しながら事業の収益を増やしていくことにより、お金の貯まるスピードも変わっていきます。

「個人と法人の手元に残るおカネの違い！」
所得500万円のケース

（個人の場合は額面給料額、法人の場合は売上利益）

サラリーマン

所得500万円

税金
150万円
（500万円×30％）
個人は税金が
先に源泉徴収される

経費（生活費）
300万円

手元に残る
おカネ
50万円

黒字の法人

経費
300万円（計上）
法人は先に経費を落とせる

税金
42万円
（200万円
×21％）

手元に残る
おカネ
158万円

赤字の法人

経費
300万円（計上）
法人は先に経費を落とせる

税金
約7万円

手元に残るおカネ
約193万円

②ママ社長が使える経費あれこれ

続いてのメリットは「経費」についてです。法人は個人事業主に比べて経費の認められる範囲がかなり広くなります。

実は様々な出費を、ビジネス費用として経費扱いすることができるのです。

例えば「旅費交通費」があります。

個人の場合は旅費交通費は全て実費となりますが、「妻リッチ起業の法人」があれば「出張旅費規程」をつくることで節税ができ、個人よりも出費が減るのです。

この規定があると、出張時に支払う日当や交通費、それに宿泊代など、規定に基づいた金額が経費となり節税の対象となります。

規定に基づいた経費は非課税になるので、法人の利益分を減らして節税し、本来よりもかなりの出費を減らすことができるのです。

例えば、不動産投資を法人で行う場合なら、遠方の物件を調査しに行き、そのついでに周辺のリサーチや、そこで食事も経費で賄うことが可能になります。

その他にも会社を運営するための経費として、自宅を事務所にするのであれば、自宅の家賃の一部、事務所を別に借りれば、その家賃・光熱費・通信費。そのほかランチミーティング、交通費、交際費など、これらが経費として損金扱いできるのです。

このように法人を設立すれば、普通の生活に比べて、経費計上できるものが増えます。

また社長のお給料（身内のお給料）は他人に支払うものではないので、お金の貯まるスピードが早くなるわけです。

そして何といってもスゴイのは、法人名義で割安に「マイホーム」を持てる

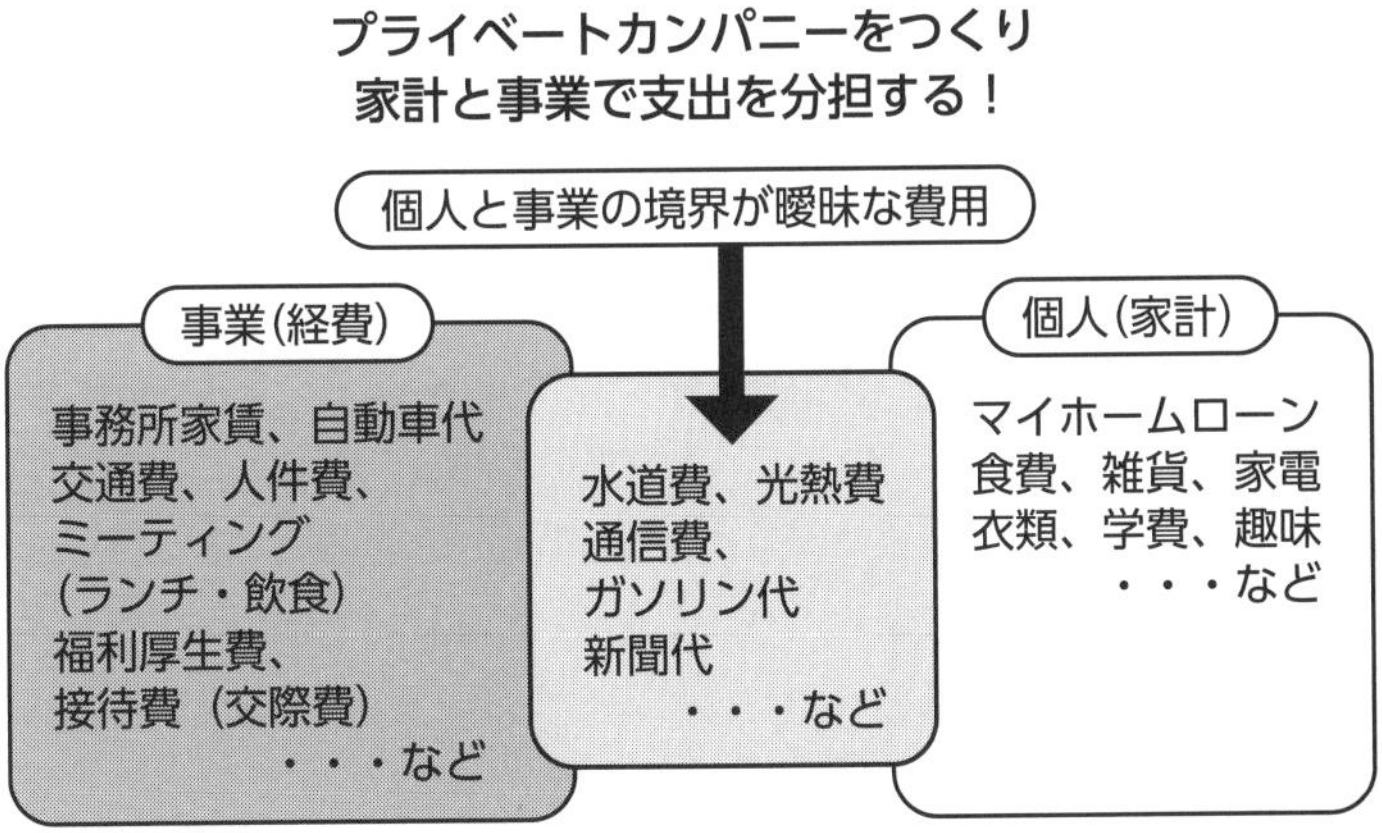

ことでしょう!

法人で購入すると住宅ローンは使えませんが、建物の取得費については減価償却を通じて損金に、固定資産税や修繕費、借り入れの利息も法人税における損金として扱えます。

どういう仕組みなのかというと、まず法人名義で事務所物件(後のマイホーム)を購入します。

そして、社員となっている家族の誰かに対し、社宅として「安い家賃で賃貸する」というテクニックが使えるのです。

また、相続税の面でもメリットがあります。

マイホームを相続する場合と、役員社宅を所有している会社を事業継承する場合とでは、課税される相続税が圧倒的に事業継承するほうが有利になります。

このように法人で「マイホーム」を買うことで、多くの費用を経費に、あるいは節税することが可能になるのです。

ただし、住宅ローンが使用できないことや住宅ローン控除がないので、自分が所有したい物件の場合、どちらにするのが良いかは、税理士さんとしっかり相談をしてください。

また、起業して初期段階の方は、前述の社宅購入資金を銀行が貸してくれる可能性が低いでしょう。

それでも出費を下げる方法は他にもあります。その方法は「賃貸」です。

住宅費を節約する裏ワザ

A:個人が家を借りる場合

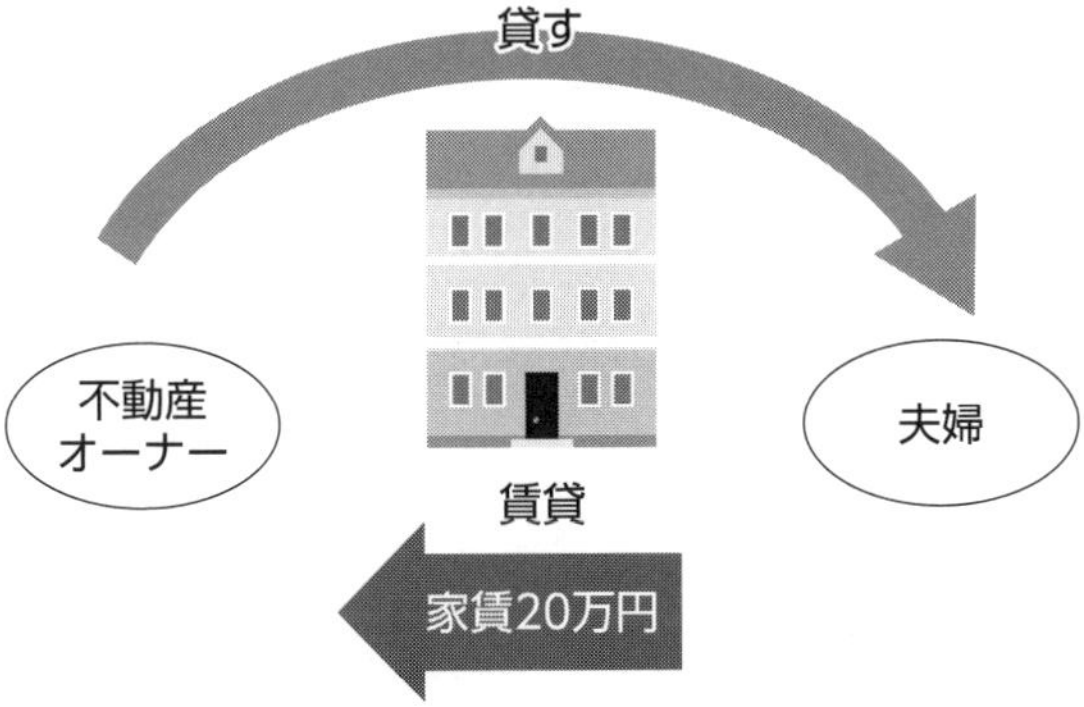

夫の手取り給料から家賃を払う→家賃は経費扱いにはならない

B:プライベートカンパニーに住宅として借りてもらう場合

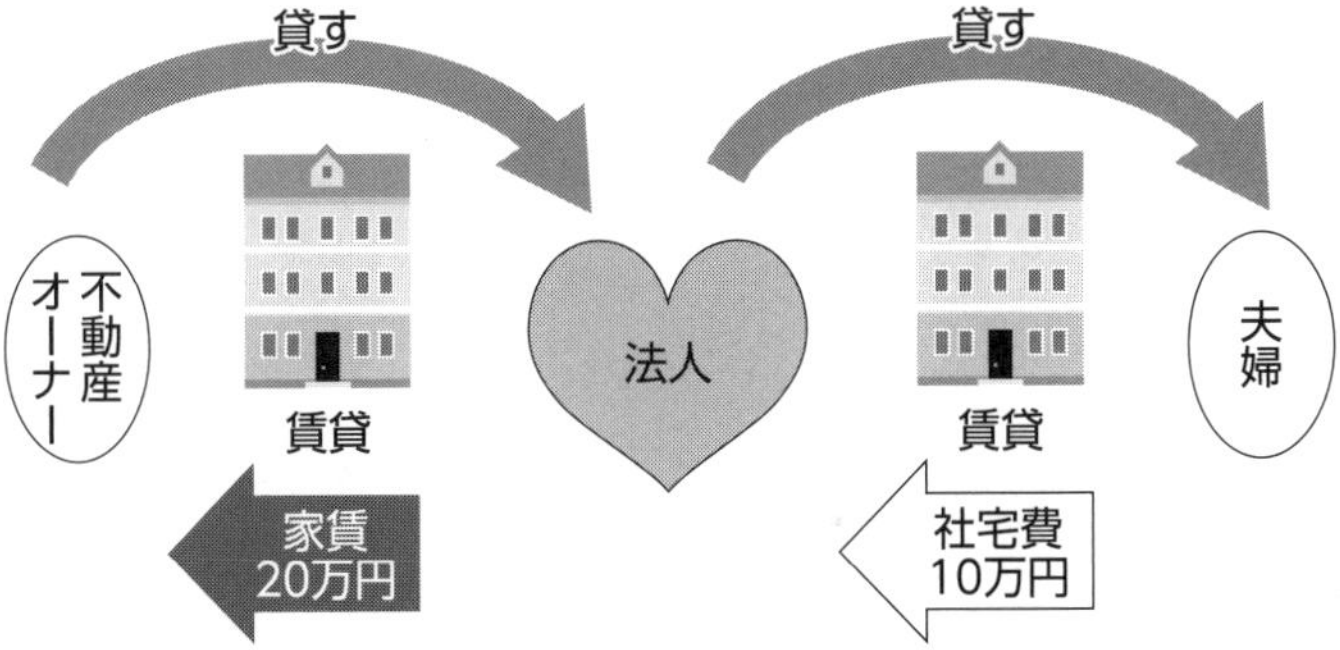

①法人の収入で家賃を支払う→家賃は経費扱いになる→税金がかからない
②家賃と社宅費との差額10万円(年間120万円)は、法人にとって赤字要因となる
→節税できる

法人に、社宅用のマンションを借りてもらって、それを家族に社宅として賃貸します。

法人契約をすることで社宅となり、少なくとも家賃の5割を法人の経費にすることができます。

さらに、固定資産評価証明書を取得して、通達に従い計算することにより、8割以上を損金にできることもあります（算出方法は国税庁サイト・タックスアンサーで公開）。

③給料の壁を超えて「お金持ち」夫婦に

「妻リッチ」起業をオススメする理由の1つが、夫には本業を続けてもらいながら起業するスタイルだからです。

サラリーマンとして働いている間は、毎月のように決まった給与が入ってきますので安定しています。

しかし、サラリーマンには税制上「節税できない」という大きな壁が立ちはだかり、どんなに頑張ったところで天引き後の給料以上にお金は入りません。

それに加え「累進課税」のおかげで、稼げば稼ぐほど税金が増えるため、結局は手元に残るお金がなかなか増えていきません。

つまり、サラリーマンだけでは「お金持ち」になることが難しいのです。

いくら社会の仕組み上、お金持ちになることが難しいからとはいえ、大黒柱である夫が「安定した収入のあるサラリーマン」を辞めてまで起業することにはリスクが伴います。

とくに家族がいる方は、安定した暮らしも必要になります。

そこで私は、奥さんを社長にする「妻リッチ」起業スキームをオススメしています。

夫には会社からの給料を稼いでもらいます。そして生活の安定を維持しつつ、夫婦で協力しながら「お金持ち」になる最善の方法だと思っています。

本書ではこの考え方を「妻リッチ」起業術と呼んでいきます！

「法人を持つと節税できる」というお話を書かせていただきましたが、サラリーマンと比べると、驚くほど簡単に節税ができてしまうのが「妻リッチ」起業スキームです。

サラリーマンだけで無理なら、別の収入源を追加しましょう。
夫だけでダメなら、妻を社長にして一緒に働けばよいのです。
会社で節税できないのなら、「妻リッチ」起業で立ち上げた法人に節税してもらいましょう。

そうやって、夫婦で合計の資産を増やしていくのです。
これからの時代は「共働き」ではなく、夫婦一緒に働く時代となります。

④相続税をカットする、ママ社長のメリット

「お金持ち」のお家は、代々お金持ちであることが多いですよね。

よく、「相続税が大変で、3代も続くと財産がなくなってしまう」という話を耳にします。

でも、私の周りにいる代々お金持ちのお家を見ていても何ら変化がなく、ずっと気になっていました。

ところが不動産の勉強をはじめてわかったのですが、お金持ちが昔からお金持ちなのは「資産管理法人」・・・つまり、今までのお話に何度も出てきている「法人」(プライベートカンパニー)を持っているからなのです!!

資産を、この資産管理法人に集めます。その所有権を子どもに継がせて、次世代へ資産を移転することができるのです。

どういうことかと言いますと、個人の資産を配偶者や子どもが相続する場合は、相続時に莫大な相続税がかけられる可能性があります。

そこで、子どもを資産管理会社の役員にしておき、給与という形で毎月資産を移転させるのです（給与所得控除の活用、支払先を分散させて一人当たりの所得税率を下げる）。

こうすれば合法的に節税ができて、将来の相続対策にもなります。

例えば不動産からの収入があり、役員報酬として子ども（役員）に支払った場合なら所得税は課税されますが、相続税を一括で移転するよりも、生前贈与の節税効果があります。

正当な業務を行って報酬を支払う分には、「贈与税」という考え自体が生じません。

法人化し、会社の仕組みを利用した財産移転をすることにより、相続税だけでなく贈与税のカットまで可能になります！

お子さんがいらっしゃる方は「妻リッチ」起業でママ社長になって、ぜひこのメリットを活用していただきたいです。

⑤社会保険の心配なし！役員報酬0でのママ社長スキーム

法人を設立すると、「社会保険料の支払いが負担になるのでは？」という心配があるかと思います。

日本では、全国民に社会保険への加入を義務付けていますので、基本的には公的な年金保険と健康保険への加入が必須となっています。

でも、「妻リッチ」起業スキームでは、ある一定の条件をクリアすることで、社会保険料を抑えることができます。

その条件は2つあります。

1つは、役員報酬がない場合・・・つまり、社長のお給料がゼロの場合は社会保険料を徴収しようがないため、加入を強制されることがありません。

坂下さんの新刊『サラリーマンこそプライベートカンパニーをつくりなさい』（フォレスト出版）には、「念のため年金機構にも確認しましたが、給料や報酬を支払っていない場合には、加入しなくてもよいとのことでした。その場合でも勤務先経由で社会保険には加入しているので、国民皆保険というルールはしっかり守れます」と説明されています。

お給料をもらっていなければ、被保険者と見なされないのです。

なお、お給料の有無は「所得税が源泉徴収されているか否か」で判断されます。

もう1つは、「社長1人で、従業員を雇っていない」ということです。

この2つの条件を満たすことで支払わずに済む可能性があります。

では、「妻リッチ起業をした社長の社会保険はどうするの？」という疑問ですが、これは夫の扶養に入ります。

そもそもの前提としてママのお給料が130万円以下の場合、夫の会社の健康保険に加入することになります（会社の加入する健康保険組合によって認められない可能性もあります）。

またサラリーマンの配偶者は年収が１３０万円未満であれば、国民年金の第３号被保険者となり、年金掛け金の支払いを免除されます。

つまり、ママ社長になっても扶養となるため、社会保険料のコストを低く抑えることができるのです。

⑥使える女性起業家向けの支援制度や融資制度

女性起業家（「妻リッチ起業での社長」）向けの支援制度や融資制度は、調べると想像以上にたくさんあります。

私もアパートを購入する際に利用しましたが、日本には女性起業家向けの支援制度があります。

政府も女性活躍推進法を改正し、「一億総活躍社会の実現に取り組む」と宣言しているように、女性を応援する団体が増えました。

どこで調べるのかといえば、内閣府のホームページを見ると支援団体が載っています。

・内閣府「男女共同参画局・民間団体等の女性向け起業支援」

http://www.gender.go.jp/kaigi/renkei/team/kigyo/kigyo04.html

また、都道府県、市区町村など各自治体のホームページにも女性起業支援として、独自に助成金や補助金を実施していることが載っています。

さらに、お住いの地域の自治体も忘れずチェックしましょう。年度始めに募集するところが多いので注意してください。

そして、とりわけ女性に対して力を入れている融資制度が、日本政策金融公庫で募集している「女性、若者／シニア起業家支援資金（新企業育成貸付）」です。

女性または35歳未満か55歳以上の男性で、新たに事業をはじめる方や、事業開始後7年以内の方に融資をしてくれます。

融資限度額が7200万円（うち運転資金4800万円）と金額が高く、不動産賃貸業を考えている方にオススメです。

もともと多くの主婦には、「社長になったとしても、この制度は使えるのかな?」と心配されているかもしれませんが、大丈夫です!

私も会社を退職してから社長になりましたが、この「女性、若者/シニア起業家支援資金」を使うことができました。


その他にも、女性起業家向けのセミナーやイベント。女性起業家のつながりの場を設けるサイトや、クラウドファンディングサイトなど選択肢がたくさんあるので、自分に合った資金調達方法を活用しましょう。

●女性向け支援制度・融資制度(参考)

・東京都「女性・若者・シニア創業サポート事業」
https://cb-s.net/tokyosupport/

・日本政策投資銀行の「女性新ビジネスプランコンペティション」
https://www.dbj.jp/service/advisory/wec/
・経済産業省　女性活躍推進基盤整備委託事業　女性起業家等支援ネットワーク構築事業
https://www.joseikigyo.go.jp

第3章

女性ほど社長に向いている
5つのワケ

第3章では女性が社長に向いている理由を解説したいと思います。

社長というとオジサン経営者を思い浮かべるかもしれませんが、今は若い人もたくさん起業していますし、女性の経営者も珍しくありません。

とくに私のオススメする「妻リッチ」起業術では、女性だからこそ、ママだからこそできることがたくさんあるのです。

本章では、私の経験より、とくに女性の力を発揮できたり、女性に大きなメリットがあった5つの項目をピックアップしてご紹介していきます!

①ゼロからスタートできる！セカンドキャリアに「ママ社長」

私は法人を立ち上げて5期目に突入していますが、気がつけば周りに「妻リッチ」起業をしたママ社長仲間がずいぶんと増えました。

そんな方々を見ていると、つくづく「女性は社長に向いているな」と気づくことがたくさんあります！

とくに感じるのは、長らく主婦でいた女性ほど、セカンドキャリアに向いていることです。

妻が「社長」になって夫婦で協力しながら、事業を行って資産を増やしていくこの方法であれば、専業主婦でも、パート勤めでも、共働きでも、もともとの職業や職歴に関係なくスタートすることができます。

例えば、まだ子どもが小さいうちはお家にいて、子育てがひと段落した後に働こうとしても、就労から遠ざかっていた期間が長ければ長いほど、再就職は難しくなります。

でも、自分が社長になる「妻リッチ」起業であれば、ブランク期間がどのくらいあろうと関係ありません。誰にでもトライできる方法なのです。

②ライフスタイル・年齢・体力の変化に影響を受けない「女性に優しい」働き方

そして、「妻リッチ」起業であれば、ライフスタイルの変化にも影響が少ないです。

女性はとくに結婚、妊娠や出産、親の介護など、人生においてステージが変わるときに、男性よりも影響を受けやすいですよね。

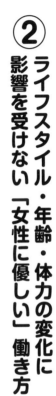

自分の意志ではまだ働き続けたいのに、それができない状況になることがあります。

でも自分が社長になっていると、もちろん決算などで決められた日時を守らなければいけない業務はあれど、普段においては出勤も休みも、他人に決められているわけではありません。

自分で働き方をコントロールできるので、プライベートの環境の変化にも対応できます。

例えば産休明けに職場復帰しても、0歳児や1歳児だと預けている保育園で風邪をもらうことも多いですよね。

頻繁にお迎えの呼び出しがかかり、思うように勤務ができず、会社にも同僚にも迷惑をかけてしまって「肩身が狭い・・・」と悩んでいるママは多いものです。

でも、「妻リッチ」起業で社長になって、自宅にいながら収入を得られるようになると、「会社員」という働き方から「パート勤め」に変えて、働く日数を減らしても収入が変わらないので心身とも気が楽になります。

事業がある程度の規模になったら、完全に「社長」となります。夫の扶養に入りながら節税に力を入れて、必要なものは経費として使い、時間を自由に設定する働き方に変える。このように「働き方」の選択肢を増やすことができるのです！

子育てや親の介護に追われ、夜しか時間がとれない時期は、今の時代ならインターネットの「オンライン」で相談を受けたり、セミナーを行うなどの情報発信ビジネスをする手もあります。

最近は通信速度も上がり、「オンライン」でできることがたくさん増えました。知り合いのママ社長は、家族が寝たあと毎回22時から23時半の都合の良い時間で、「オンライン」を使ってセミナーやコンサルティングを行い、自宅にいながら収入を得ている人さえいます。

このように家族の状況や、自分のライフスタイルの変化に合わせた自由な働き方ができるようになることも、「妻リッチ」起業の強みです。

そして、この働き方は年齢も容姿も関係ありません！

私はもともとレースクイーンという、年齢制限のあるような仕事をしていたので、「容姿も年齢も関係なく続けられる仕事」の有難さが骨身に沁みてよくわかります。

以前の私は、次々に若い子が出てきて、その子たちとポジション争いをして仕事を勝ち取らなければいけない境遇でした。

いつまでこの場に居られるのか・・・

年齢を重ねるたびに、だんだん続けづらい・・・

会社でそのようなポジションはたくさんありますが、年齢を重ねようが、体力が衰えようが、家庭の事情も関係なく続けられるポジションなど、限られた優秀な方の席でしかありません。

その点で、「妻リッチ」起業は安心して歳を重ねることができる「女性に優しい働き方」でもあると強く思います。

③女性は現実的な「目標」づくりができる！

次に「妻リッチ」起業する上で大切なことの1つが、この「夢実現シート」を作ることです。

起業するには、ノウハウやお金の面だけでなく、目指すべき目標をつくることがとても大切になります。

これがはっきりしないと、どんなに上手なビジネスを行っても長続きしません。

5章の「妻リッチ」成功夫婦へのインタビューでも、共通して皆さんとても具体的に目標を作られていることからも、その重要さをお分かりいただけるかと思います。

「夫婦で意思疎通、共有した夢」ということが大切になるのです！

あなたの目標や願望を書き出す

●自分の夢は？

●自分の経験で社会にお役に立てることは何か？

●子どもの頃に憧れていた職業は何か？

●誰にも負けない特技は何か？

●お金や時間があったら手に入れたいことは何か

ですので、「夢実現シート」は必ず「夫婦」で作ることをオススメしています。

ただ、まずはそれぞれの目標や願望を書きだすことから始めます。

この作業を夫婦それぞれで行ってください。

このように自分の使命は何なのか、見つけ出す作業を行います。

まず、紙に頭に浮かんだことや気になることをひたすら書き出します。

どんな些細なことでも大丈夫です！

著者（古川美羽）の目標や願望

●自分の夢は？

何が起きても安心の経済的自由を得る！

●自分の経験で社会にお役に立てることは何か？

崖っぷち状況からの脱出方法を伝えること

●子どもの頃に憧れていた職業は何か？

背の高さを活かせる仕事

●誰にも負けない特技は何か？

目標をクリアするまで、何度もトライする負けん気

●お金や時間があったら手に入れたいことは何か

海外にいながら仕事をする

書き出すうち、その中に自分が取り組みたいことや「使命」が隠れています。以前の私ですと、このように書いていました。

あとは時間をかけて、あぶり出す作業をします。

最初のうちは「何だかしっくりこないかも・・・」とモヤモヤするでしょうが、いざ、実際に行動していくと「これだ！」と気づくときが来ます。

自分の中で使命がわかってきたら、今後どうしていくのかを具体的にイメー

ジしていきます。

そのときに重要となるのが、「夢実現シート」となります。

夢実現シートを書くと、目標を具体的にイメージできます。

このシートを夫婦ですり合わせ、「家族の夢実現シート」にすると、家族みんなで同じ方向に進んで行けますし、夢が叶うスピードも速くなります。

ここで大切なのは、あまりにも無謀な「夢」や「お金」稼ぎに走らないこと。

「夢」はどんどん叶えていくものです。

「ああ、また夢が叶ったね！　じゃあ次はこんなことしてみようか！」

といった具合に、段階的にステップアップしていくと、ワクワク楽しみながら事業に取り組めます。

逆に、あまりにも大きく、いつまで経っても届かない夢を設定すると、どん

夫婦の夢実現シート

主人公	○○家	夢実現ストーリーのタイトル	

★特技	★家族でどう幸せになるか	★夢が実現する未来ストーリー

夢実現ストーリーの目次	[プロローグ]	[第１章]	[第２章]	[第３章]	[第４章]	[エピローグ]
ミッション・ステートメント	西暦　年 決別する今	年 年後	～　年 ～　年後	～　年 ～　年後	～　年 ～　年後	ハッピーエンド 未来の具体的な姿
社会貢献						
学び成長						
健康						
家族						
お金						

なに我慢強い人でもそのうち心が折れてしまうものです。

また、「妻リッチ」起業は、あくまでも「夫婦の幸せのために必要なお金」を産み出すために行わないと失敗します。

「とにかく稼ぐ！」では延々とお金を追い求める人生となります。

ですので、「〇〇のためにこれだけは必要だね」と具体的に設定していきましょう。

目標がないとゴールもできません。

何のために「妻リッチ」起業をしたのかという、初心を忘れないようにしましょう！

実はこういった、夫婦のための具体的な「夢」や「お金」の使い方は、家計をやりくりしていたり、将来に関して現実性を重視する女性の方が上手です(笑)。

男性は大きな夢を抱いたり、お金稼ぎのスキルは高いのですが、どうしても現実性に欠ける目標が多いものですから・・・。

さて、この夢実現シートは、人生の設計図と考えてください。「自分はこのように幸せになりたい」と決めて、そうなるための行動をコツコツと実行していけば誰でも叶います。

でも周りを見ると、多くの人はできていませんよね？

時々なら頭に自分の目標が浮かびますし、「行動するぞ！」と決意はするものの、「幸せになるための設計図」をしっかりと書いていないため、頭に浮かんだことを忘れてしまうから行動が続かないのです。

これは設計図もないのに、想像のみで家を建てられないのと同じで、夢実現シートなしでは、自分の望み通りの人生を送ることが難しいためです。

古川美羽の夢実現シート

主人公	ママ社長　古川美羽	夢実現ストーリーのタイトル	女性の新しい働き方を広めて、幸せな夫婦を増やすストーリー

★特技	★家族でどう幸せになるか	★夢が実現する未来ストーリー
どん底から脱出したメソッドを皆さんに紹介し、ママ社長仲間を増やし豊かな夫婦が増えるように貢献する	何かがあっても困らず、慌てずに済むよう備えておく。家族それぞれのしたいことが叶えられる環境に入れるよう努力する	崖っぷち状況になった経験から女性の「働き方」について考えていました。その後「妻リッチ」起業術を学び「これぞ、新しい女性の働き方だ」と気づく。自分が崖っぷちから脱出した方法を広め、多くの夫婦が豊かになるお手伝いをしたいと考え世に広めるようになる。ママ社長仲間が増え、「妻リッチ」の人と称されるようになる

夢実現ストーリーの目次		[プロローグ]	[第1章]	[第2章]	[第3章]	[第4章]	[エピローグ]
ミッション・ステートメント		西暦 2015 年 決別する今	2016 年 1 年後	2017～2019年 2 ～ 4 年後	2020～2022年 5 ～ 7 年後	2023～2026年 8 ～ 10 年後	ハッピーエンド 未来の具体的な姿
社会貢献	「妻リッチ」起業術を教える講師の育成やママ社長を増やす	自分がどう社会のお役に立てるか考える	学びをアウトプットし始める	出版や講師業もスタートし、世にメソッドを広める	学校で指導したり、後輩を指導	女性起業家の育成	累計10冊の著書と、発信によりママ社長が増える
学び成長	皆さんのお役に立てる情報を発信する。常に学ぶ	「妻リッチ」起業をスタート	繰り返し「妻リッチ」起業術を学び、行動を続ける	講師業にも挑戦	ママ社長育成	裕福になった後輩が学びを広める	女性の新しい働き方の1つとして「妻リッチ」起業が広まる
健康	心身ともに健康を保つ	ストレスもあり	出産をする。産後も健康維持	産後の健康管理を気をつけながらジム通い	引き続き体型・健康維持	引き続き健康維持に努める	元気なおばあちゃん社長になっている
家族	好きなことをそれぞれができる環境に	まだ将来の不安上がる	赤ちゃんとの生活スタート	好きな活動ができるように	海外旅行を増やす	好きな場所を行き来	好きな場所で、好きなことができる生活をしている
お金	経済的自由を実現する	月30万円副業で得る	月50万円副業で達成	副業収入1000万円達成	世帯年収が倍に	副業だけで年収3000万円	経済的自由に

こんな紙きれ1枚で？　そう疑われるかもしれませんが効果は絶大です！

実際、私の所属する『お金のソムリエ協会』で「妻リッチ」になった人たちは、「一番の大切なもの」が、この人生の設計図である「夢実現シート」だったという声が多いのです。

自分の夢実現シートが完成したあとは、夫婦でそれぞれが作ったものを共有し、お互いの目標や夢、ミッションを理解しあいましょう。

そして、家族の夢として、どのように幸せになるかを一緒に話し合いながら、

「家族の夢実現シート」として作り上げていきましょう。

ちなみに私の「夢実現シート」は前ページをご確認ください。。


幸せは一人では得られません。

家族みんなが夢を実現し、幸せになってようやく実感できるものなのです。

また、家族で夢実現シートを作成することで、お互いを応援する効果もさらに倍増するので効果抜群です！


このシートは、毎日家族みんなが通る場所・・・例えばキッチンやリビングの壁などに貼っておくことがポイントです。


家族はどんなとき楽しそうにしているのか？

お互いの成長や自立には何が必要なのか？

夢実現のためには何が必要で、お金や時間はどのくらい必要とするのかなど、思いついたことを書き出し、夢が実現するまでのストーリーを作っていきましょう！

④キャリアなし！　子育てしながら！　でもうまくいく事業って？

「妻リッチ」起業はキャリアゼロからはじめられます。

会社員でも、専業主婦でも、パート勤めでも関係なくできるものなのです。

例えば「妻リッチ」起業した仲間であり、『ママは今すぐ社長になりましょう！　夫婦で豊かになる３つの不動産投資』（ごま書房新社）著者の金子みきさんは、サラリーマン時代に産後時短勤務を選択していました。

でも、時短勤務が終わる少し前に通常の勤務になると、子育て・家事・フルタイムの仕事は両立がとても難しいことに気づいたそうです。

「どうしようかな・・・」と、お先真っ暗になっていたとき、私と同じく坂下仁さんの本に出会って「妻リッチ」起業メソッドを学び、不動産投資で起業して「ママ社長」となりました。

それからは子育てをしながら、3つの不動産投資（コインパーキング投資・アパート投資・戸建て投資）を行い、著書の出版にとどまらず、その後たくさんの大家さんのセミナーや、勉強会に呼ばれるママ社長大家さんとなりました。

起業で成功するためのお話をしていますが、そもそも成功の証である「お金」とは何でしょうと聞かれたら、皆さんどのように答えますか？

お金持ちになるためには、最初に理解しておかねばならない「お金」の法則があります。

私が法人を持ち、不動産投資をするきっかけとなった坂下仁先生の教えに、「お金の三位一体説」があります。

お金には「道具」「時間」「感謝の気持ち」という、3つの側面があるそうです。
この中で、とくに大切なことは「感謝の気持ち」です。

「世の中の人の感謝の気持ちやお詫びの気持ち」が、お金の正体。

誰かのお役に立ち、感謝してもらえた結果として貨幣（紙幣＋硬貨）が支払われます。つまり、「感謝されるほど」集まってくるものが「お金」なのです。
「お金持ちになる」仕組みは、実はすごくシンプルな法則でできているのですね。

貨幣は、「感謝の気持ちやお詫びの気持ち」をわかりやすく、具体的な「数字」として見える化したものに過ぎず、お金自体には価値がありません。
お金の上に乗っている「感謝の気持ち」にこそ価値があるのです。
したがって、お金を大きく増やす方法はこの1つだけになります。

「人様や社会の役に立って、感謝していただくこと」

妻リッチ起業で社長になって「人様や社会の役に立つ事業を運営する」、これこそ夫婦で「お金持ち」になる法則なのです。

さて、「妻リッチ起業」成功の秘訣は、「夫婦」で協力し合い「妻が社長になる」ことでした。

そして、お金の正体は「感謝の気持ち」であることを考え、以下のような事業を中心とした会社であることがポイントです。

○小さな金額からスタートできること
○人様のお役に立てる事業であること
○再現性があり、家事や育児と両立できること
○無理なく継続することができること
○誰かに委託しっぱなしでなく、妻が「コントロール」できるものであること

このポイントを満たしていれば、事業はどんなものでも構いません！

夫婦で一緒に勉強しながらコツコツとビジネスを続けていくと、人様から「感謝の気持ち」というお金が入ってきます。

この考え方こそが、キャリアに関係なくうまくいく起業方法なのです！

⑤女性ならではの、共感力を活かせる

女性が社長に向いている理由には他にもあります。それは、女性の持つ特性を活かせるからです。

とくに女性は「共感力」の高い人が多いですよね。

コミュニケーションに重要なのが、この「共感力」と言われています。

近ごろ活躍している起業家の特徴に、「共感力がある」「利他的」「誠実」「表現力が豊か」「忍耐強い」などが、膨大なデータ分析により判明されていますが、これらは一般的に「女性的」と表現される特徴です。

このことは、世界的に大ヒットしたジョン・ガーズマとマイケル・ダントニ

オによる共著『女神的リーダーシップ　世界を変えるのは、女性と「女性のように考える」男性である』（プレジデント社）でも紹介されています。

女性特有の能力が、今後ますますビジネスシーンで必要になってくることが世界的にも証明されています。

「共感力」があると、指導力を伸ばしたりチームを盛り上げたり、相手のことが理解できたりなど、「人の心の本音」に寄り添うことができます。

不動産賃貸業を行っている「ママ社長」仲間と話していても、みなさん共感力やコミュニケーション力を強く発揮していることがわかります。

貸し会議室ビジネスを運営しているSさんは、不動産仲介会社の営業の方と世間話を通じて相手の事情を理解し仲良くなりました。

その結果、あるビルのオーナーさんを紹介してもらったそうです。

そのオーナーさんとも世間話から、（何に困っているのか）を素早く察知して、「解決策を提案」したところ、とても喜んでもらえたそうです。

こうして次々と貸し会議室に適しているスペース（ビル・マンションなど）を紹介してもらえるようになりました。

私自身も物件調査の際に、近隣住民や不動産会社の方とよくお話をして仲良くなりますが、世間話の合間にポロリと極秘情報を教えてもらうことがあります。

また、優先して物件情報を送ってもらえるので得をします。「こんなことまで知っちゃった！」と驚くことが多々あります。

お金の3つの正体についてのお話は前項で書きましたが、お金には「感謝の気持ち」という側面があります。

「利他的」で、人様のお役に立てるビジネスを「共感力」を生かして行なっていくことにより、お金が入ってくるようになります。

そして、女性は複数のことを同時に処理できる生き物と言われています。

古来より家事と育児をしながら、さらには食事の準備をしたりと、一度に複数の役割をこなしてきた長～い歴史があるのです。

そのため、自然と並行処理能力が高くなったのだと言われています。

それこそ現代のほうが「仕事」も増えた分だけ、もっと女性は忙しくなっていますね！

朝だけでも洗濯機を回しながら朝食の準備をして、子どものお弁当を作り、ママ友にＳＮＳでコミュニケーションをとりながら、自分の仕事へ向かう準備など・・・。

全てを同時並行にこなし、秒単位で動いているお母さんも数多くいらっしゃいます。

これも並行処理能力が高いからこそできるのではないでしょうか。

さらに、短期型のストレスに対しては男性のほうが強く、長期型のストレスには女性が強いと言われています。

社長になることは「事業を経営」することです。コツコツと長期にわたって経営していかねばなりません。

その点でも女性は、様々なタスクをこなす能力が高いので、社長に向いているわけですね！

第4章

「プライベートビジネス」を立ち上げる9つのステップ

第4章では具体的にどのようにビジネスを立ち上げたらいいのか、初心者でもわかりやすいように説明いたします。

まずは、「どんなビジネスが自分たち夫婦に合っているのか」からです。

そして、法人のつくり方、事業計画から融資まで網羅しています。ステップで解説しているので、順番に読んでくださいね。

STEP 1　まずは、既に実践してうまくいっている先輩や先生を「TTP」

「TTP」という言葉をご存知でしょうか？

まず「妻リッチ」起業する場合に実践してもらいたいことの1つが、この「TTP」です！

「TTP」とは何かというと、「TT」徹底的に「P」パクる。

これは、ほとんどの成功者も行っている絶対的な法則なのです！

日常的に実践し、「素人からうまくいっている」先輩や、先生を見つけてメンターになってもらいましょう。

「パクる」と書くと、少し語感にマイナスイメージを抱かれるかもしれませんが、言いかえれば「真似をする」ことです。

どんな成功者でもスタートするときは素人ですし、最初の一歩をどう踏み出せばよいのかわからないもの。だからこそ先人の知恵を学び、まず始めるときは模倣するのです。

ただし、ノウハウ書籍をたくさん読んで、延々といろいろな起業セミナーを渡り歩いても、なかなか一歩を踏み出せずにいる方を見かけます。

知識を習得することも大切ですが、これではもったいないですよね。

そこで必要なのは、身近で成功している先輩や先生の存在です。

自分がやりたい副業で、成功している人が所属するコミュニティ（勉強の場）で学び、それを実践してきた人のアドバイスを受けながら、とにかくそのまま真似をします。

何かプロ並みの特技を持っている人なら別として、私たち素人にとっては、プロレベルの専門知識やノウハウを活用しなければいけないビジネスに、いきなり飛び込むのはハードルが高過ぎますよね。

ですので、最初はやりたいビジネスではなく、素人の皆さんが成功している同じ分野のビジネスで、自分の適性に合っているものを事業に選びましょう。

初めての事業を他のライバルと戦いながら、長年継続していくことはとても大変なことです。

「会社生存率」というキーワードで調べると出てきますが、起業後3年での生存率は3割にまで減ります。

そのくらい大変なので、まずは手堅く生き残る手法や、お金を増やしやすい副業を選ぶべきでしょう。

私もこの考え方から素人が続々と参戦し、成功している「不動産賃貸業」（不動産投資）を事業として選びました。

不動産賃貸業なら成功パターンも豊富にありますし、何といっても「ビジネスモデルがシンプル」で再現性が高いです。

自分に合った手法を行なっている先輩も見つけやすいのが特徴でした。

私の場合は再現性が高いとはいえ、高額の投資に怖さを覚えたものです。

そのため、まず手持ちの現金で購入できる物件を探し出し、さらにできる範囲でセルフＤＩＹをして利益を出す手法をとりました（私の不動産投資ノウハウについては前著『子育てママがおうちにいながら年収１０００万円稼ぐ投資術』（セルバ出版）で詳しく解説しています。そちらをご参照ください）。

先輩に教えを請いながら一連の流れを経験し、自分に本当に合っているのかどうかを確認した上で、徐々に規模を拡大していきました。

STEP 2 目標決定、夫婦で作成する夢実現シート

次に「妻リッチ」起業する上で大切なことの1つが、この「夢実現シート」を作ることです。

「夫婦」で一枚作ることをオススメしています。

（作成方法は3章のP84でご紹介しましたので、そちらをご参考ください）

最初は何だかしっくりこないかも？　と思っていても実際この「夢実現シート」で決めたことを行動していくと「こういうことか！」と気づくときがきます。

自分の中で使命がわかってきたら、今後どうしていくかを具体的にイメージしていきます。

夫婦の夢実現シート

主人公	○○家	夢実現ストーリーのタイトル				
★特技	★家族でどう幸せになるか	★夢が実現する未来ストーリー				
夢実現ストーリーの目次	[プロローグ]	[第１章]	[第２章]	[第３章]	[第４章]	[エピローグ]
ミッション・ステートメント	西暦　年 決別する今	年 年後	～　年 ～　年後	～　年 ～　年後	～　年 ～　年後	ハッピーエンド 未来の具体的な姿
社会貢献						
学び成長						
健康						
家族						
お金						

	の	女性の新しい働き方を広めて、幸せな夫婦を増やすストーリー					
	★夢が実現する未来ストーリー						
	崖っぷち状況になった経験から女性の「働き方」について考えていました。その後「妻リッチ」起業術を学び「これぞ、新しい女性の働き方だ」と気づく。自分が崖っぷちから脱出した方法を広め、多くの夫婦が豊かになるお手伝いをしたいと考え世に広めるようになる。ママ社長仲間が増え、「妻リッチ」の人と称されるようになる						
				[第２章]	[第３章]	[第４章]	[エピローグ]
				2017～2019年 2 ～ 4 年後	2020～2022年 5 ～ 7 年後	2023～2026年 8 ～ 10 年後	ハッピーエンド 未来の具体的な姿
社会貢献	「妻リッチ」起業術を教える講師の育成やママ社長を増やす	自分がどう社会のお役に立てるか考える	学びをアウトプットし始める	出版や講師業もスタートし、世にメソッドを広める	学校で指導したり、後輩を指導	女性起業家の育成	累計10冊の著書と、発信によりママ社長が増える
学び成長	皆さんのお役に立てる情報を発信する。常に学ぶ	「妻リッチ」起業をスタート	繰り返し「妻リッチ」起業術を学び、行動を続ける	講師業にも挑戦	ママ社長育成	裕福になった後輩が学びを広める	女性の新しい働き方の1つとして「妻リッチ」起業が広まる
健康	心身ともに健康を保つ	ストレスもあり	出産をする。産後も健康維持	産後の健康管理を気をつけながらジム通い	引き続き体型・健康維持	引き続き健康維持に努める	元気なおばあちゃん社長になっている
家族	好きなことをそれぞれができる環境に	まだ将来の不安上がる	赤ちゃんとの生活スタート	好きな活動ができるように	海外旅行を増やす	好きな場所を行き来	好きな場所で、好きなことができる生活をしている
お金	経済的自由を実現する	月30万円副業で得る	月50万円副業で達成	副業収入1000万円達成	世帯年収が倍に	副業だけで年収3000万円	経済的自由に

その時に重要となるのが「夢実現シート」になります。

夢実現シートとは未来をよりイメージしやすくするものです。

このシートを夫婦ですり合わせし「家族の夢実現シート」にすると、家族みんなで同じ方向に進んでいけますので夢が叶うスピードが早くなります。

STEP 3

「目標」に近づくために行動を細かく分解する

前項で夢実現シートについて書かせていただきましたが、いざ夢実現シートに書いた目標やミッションに近づくためには、いったい今日から何をするべきでしょう!?

「妻リッチ」起業をはじめ、収入が増えることを考えると、今までの人生と比較して、信じられないほど選択肢が増えていきます。

ですので、「こんなことが本当にできるのか?」と、まだ実感がわかないかもしれませんね。

どうやって最初の一歩を踏み出すべきか、悩まれている方もいらっしゃると思います。

そこで大切なことは、「行動を分解する」ことです。

前項の「夢」や「目標」を決める時のステップアップと同じ考え方です！

達成したいミッションに向かって、どのように階段を登って行くとクリアできるのかを考え、細かく行動を分解するのです！

分解した行動は「タスク」と考えます。

タスクとは、すぐに取り組める行動のことです。


このタスクには日付もつけて、「○月○日までに○○をする」と記載します。

スマホや手帳、夢実現シートの上に貼り付けるなどして、こちらもすぐに見えるところへ貼っておきましょう。


目標達成のために分解したタスクを1つずつクリアしていくと、いつの間にか「プロジェクトを達成」することになります。

大きな目標のものは、分解して「すぐにできる行動」を1つずつ書き出しましょう。

STEP 4 自分の適正に合った事業を考える

先ほどもお話ししましたが、事業を選ぶときに大切なのは「自分に合うものは何か？」を冷静に理解することです。

今流行りのビジネスであるとか、最近セミナーで聞いて面白そうだからという理由だけで、これからずっとやっていく事業を選ぶと長続きはしません。

まずは、「自分の適性に合っている（得意なこと）」もので、「素人から成功している人が多い（再現性がある）」ものから選ぶようにしましょう。

世の中には「誰でもカンタン」に儲かる事業などありません！

もしもそんな事業があるならば、全員がその副業に手を出し、全員がお金持ちになっていますよね。

「カンタン」や「気軽」「すぐにできる」「儲かる」。このような言葉に惑わされないように気をつけてください。

そして、誰かに丸投げで行う事業も危険です。

運営代行会社が全て行ってくれるものは、その典型例です。

例えばＦＸ投資を請け負う会社や、民泊事業をするにあたり、全ての運営を代行してくれる会社に頼むような事業です。

前章で、お金には３つの正体があり、その中でも「感謝の気持ち」という側面があると書かせていただきましたが、覚えていらっしゃいますか？

お金とは「他人のお役に立ち」貢献することで「感謝の気持ち」として返っ

て来るものです。

でも、それが誰かに頼る事業だと、お願いした人が「他人から感謝されて」その方に感謝の気持ちとしてお金が入るようになってしまいます！

結果として、自分にはお金はやって来ないのです。

ですから他人まかせではなく、「自分でコントロール」できる事業を選び、「自分が感謝」されるように働かなくてはいけません。

「確かに興味のある事業だけど、本当に自分の適性に合っているのかわからないよ」

そんな不安があるときは、まず小さくスタートしてみましょう。

私の場合は、「不動産賃貸業＝大家さん・不動産投資家」になることを事業に選び、法人を設立しました。

それでも、やはり最初は「大きな金額」を動かすことに不安があり、小さなところからスタートしています。

まず、最初は目標や行動を決めました。

次に、一連の流れを経験しました（物件探しから買い付け・購入・客付・運営・税金の支払など、お金の動きを把握し、できればそのうち売却まで）。

こうして一通りの流れを経験し、冷静に「自分に向いているな」と認識します。

その後は少しずつ物件を買い続け、事業規模を大きくしていったのです。

起業がうまくいかない大きな問題の1つが、「継続できない」ことです。

それには自分の適性に合っていなければ続きません。事業選びは、夢と現実を天秤にかけながら冷静に考えていきましょう！

STEP 5 プライベートカンパニーを立ち上げる（法人をつくる）

さて、「法人ってどうやって作るの？」という疑問ですが、みなさんは起業と聞くと、個人事業主や株式会社を思い浮かべる方も多いことでしょう。会社員の方などは、そのほとんどが「株式会社」に勤めていますよね。

でも、「妻リッチ」起業スキームでつくる法人では、「合同会社」をオススメしています。

もちろん従業員をたくさん雇って、かなり事業規模を大きくするのであれば株式会社の方が有利です。

ところが「妻リッチ」起業スキームは、夫婦レベルでの「事業」スタートです。そのため、経費や時間も少なくて済む「合同会社」がちょうど良いのです。

「合同会社」のメリットは、個人より経費の範囲が広く、株式会社と同じで節税しやすい点にあります。

これは前章でもお話ししましたね。

さらに、9年間の赤字繰越や損益通算もできます！

株式会社とちがって株主総会は不要で、決算の報告義務もありません（官報にも載せないため掲載料も不要）。

また前章の通り、社長一人の会社にしてしまい（夫は出資のみ）給料をゼロにしておくと、社会保険料の掛け金を抑えることもできます。

さらには会社を設立するときに、公正役場での認証手続きも不要なのです。

設立費用は、株式会社が20万円ほどかかるのに対し、合同会社は3分の1ほどで済みます。

それでは、合同会社のデメリットはどうなのか？

合同会社のメリットデメリット

メリット	・手続きが簡単（定款認証、役員の選任手続きなど不要） ・費用が安い（登録免許税約6万円+定款用収入印紙代（電子定款では不要）） ・組織設計が柔軟に決められる（事業や社員の決定など） ・利益の分配が自由 ・決算公告の義務不要 ・役員任期の更新が不要 ・経費の範囲が広く9年間の赤字繰り越しや損益換算もできる
デメリット	・日本では株式会社と比べて未だ信用性が低い ・代表の肩書が「代表社員」となる ・上場できない ・全社員が業務執行権をもつリスク（履行や責任の所在）

まず、株式会社に比べて認知度がまだまだ低いこと。

そして、社長の正式呼称が「代表社員」になることです。

「やっぱり代表取締役のほうがカッコいいな」と憧れる方もいらっしゃいますが、名刺の肩書きには「代表」とだけ印刷にすれば問題ありません。いずれにせよ、メリットの多さから考えると小さなデメリットです。

あとは法人住民税の均等割という税金が、毎年7万円かかりますけれど、それを遥かに上回る節税ができるのです。

個人よりも手元に残るお金が圧倒的に多いので7万円なら安いものですよね。

実をいうと、最近ではこの合同会社が年々増加しているのです。

あの世界的有名企業のGoogle、APPLE JAPAN、Amazonをはじめ、日本企業でもソフトバンクグループ、西友も「合同会社」だったことをご存知でしたか？ まさに合同会社の優位性が、世界的に浸透してきている証です。

さて、その合同会社の作り方ですが、株式会社よりかなり簡単です。

なんと数時間もあればできますので、その気になれば明日にでもできます！

私は縁起の良い日に設立したかったので「天赦日」と「一粒万倍日」が重なる日を前々から調べておき、その日を狙って作りました。

以前なら、司法書士などに依頼する登録免許税6万円に、司法書士手数料がかかり、トータルすると10～20万円もかかることが一般的でした。

しかし最近では、「印紙代」のかからない「電子定款認証」方式が浸透し、金銭面でも会社設立がしやすくなっています。

合同会社設立のオススメは『会社設立ひとりでできるもん』というサイトを利用することです！

『会社設立ひとりでできるもん』
・https://www.hitodeki.com/

このサイトで設立すると、登録免許税の6万円に、システム利用料と電子定款作成料だけなので、トータルしても7万円（キャンペーン時は6万5千円）の費用で立ち上げることができます。

情報入力から定款印刷、登記申請書印刷まででき、会社設立に関する知識がない人でも簡単に設立することができるのです。

著者・年収1000万円ママ社長®

古川美羽の活動紹介

★古川美羽の「妻リッチ起業」術についてや、
大家さん活動、講師活動について紹介中！

○LINEメルマガ【古川美羽@妻リッチ公式】
ID【@948tyira】➡

スマホからはこちら

○ブログ

「妻リッチ起業でママ社長® に！元レースクイーン大家になりました」
https://ameblo.jp/puppy-tamago/

読者限定プレゼント！

古川美羽の「妻リッチ」メール講座（無料）

古川美羽が崖っぷち状況から脱出するきっかけとなった「妻リッチ」起業術についてや成功するために大切な考え方について、メルマガ形式で配信させていただきます。ぜひ本と合わせてご活用ください。

・将来に備えて夫婦で起業を考えている方
・子育てと両立できる副業に取り組みたい方
・「自分が社長になって」いまの働き方を変えたい女性

起業・副業に役立つ内容です！ぜひご購読ください！

スマホからはこちら

メール講座のお申込はこちらより↓
https://www.reservestock.jp/subscribe/93551

まもなくスタート！

古川美羽の「妻リッチ」コミュニティ

（少人数会員制・有料）

この度、古川美羽主宰の全く新しいコミュニティを開設いたします。起業や副業の経験や男女を問わず、気軽に情報交換、会員同士で相談などをする倶楽部にしていきたいと思います。

情報交換ランチ会／初心者起業勉強会／子育てママ起業相談会／不動産投資勉強会／著名ママ社長との交流質問会・・・など。

スマホからはこちら

★「妻リッチ」コミュニティの詳細はこちらをご覧ください。
https://ameblo.jp/puppy-tamago/entry-12139600074.html

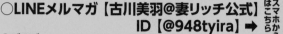

そして、登録したデータがこちらのサイトで保存されるので、初期に多い変更点が出た場合でも、簡単に変更手続きができる素晴らしいコンテンツです！

出資額（資本金）については３００万円以下をオススメします。

理由は、資本金１０００万円以下の方が、税金面で圧倒的に有利（１０００万円以上だと初年度から消費税の課税事業者になってしまうので、一般的には開業後2年間消費税の納税が免除されます。そして法人住民税が11万円増えるなど）だからです。

また、資本金３００万円以上の企業は特定商工業者に該当し、商工会への加入と法定台帳の提出が義務付けられており、台帳の維持管理費として年間４千円の負担金もかかります。

商工会に入るメリットももちろんありますが、いつでも加入できますので、資本金は３００万円未満にしておくのがよいでしょう。

さらに気をつけなければいけない点が、会社設立時に決めなければいけない「定款」です！

定款とは会社の基本的なルールのことですが、「事業目的」については十分注意して考えてください。

これから行う事業や将来的に取り組むであろう事業を書いて、その幅を持たせることは必要です。

しかし、「国や都道府県の許認可が必要」な許認可事業は、くれぐれも書かないように気をつけてください。

例えば、不動産仲介業などがこれに当てはまります。

このような「不穏」な事業を定款に書くと、許認可証がなければ法人の預金口座が作れなくなります。

とくに新規法人への審査は厳しくなっていますので、十分に気をつけくださいね！

STEP 6 融資を使う際の重要ポイント　事業計画書

事業を進めていくうちに、「お金を借りることを検討する場面」が必ず出てきます。

不動産賃貸業を事業にする場合は早いうちから融資を使いますが、通常事業ですと、設立後しばらく経ってからになるでしょう。

実際、お金を借りるときに大切になってくるのが「事業計画書」です。

ここでも定款と同じように、「書いてもよいこと・書いてはいけないこと」がありますので気をつけてください！

私は不動産賃貸業で多くの金融機関を回っています。すると、あることに気づきました。

銀行員がお金を貸せるか、それとも貸せないのかの判断ポイントで、その大半を占めるのが「貸したお金がきちんと返って来るかどうか」です。

当たり前のことですが、マイホームローンとはちがい、事業（不動産賃貸業も含め）ともなれば、これがかなりシビアになってきます。

担当者はこの点に焦点を当てて、書類を作成して融資を決める部署へと回します。

そのため、担当者だけでなく「誰が見ても貸したお金がきちんと返って来る」と判断できる事業計画書を、こちらが考えて提出することが重要になってきます。

つまり、担当者が認可しやすい書類をつくりやすいよう、私たちが知恵を絞らなくてはいけません。


「認可されやすい事業計画書作成　3つのポイント」

①あなたが返済の約束を守れる信頼できる人物であること
②資金計画と終始予定表で返済できることがわかること
③万が一の場合、担保や保証人から回収できること

この3つがすぐにわかるように、事業計画書を作成しましょう。
これは、どの事業でも普遍的に当てはまる「絶対のポイント」なので頭に入れておいてください。

1つめの、「信頼できる人物かどうか」については、面談時や書類の提出時に見られています。
書類の提出期限をきちんと守るなど、社会人として当たり前のことを行い、その書類にも不備がないようにします。

事業計画書にも「信用力」をにじませます。

「妻リッチ」起業スキームの場合は夫が保証人になりますので、それぞれの経歴や収入、資産状況などの記載は必須となります。

当然ながら企業理念も大事になりますので、「お金を稼ぎたいから」なんてことは間違えても書かないようにしてください！


資金計画について大事なところは「数字」で示すことです。

いつ、何に使うのか、支払先はどこなのかを数字で示します。

また、売り上げと経費の中身も数字で説明し、借りたお金が返済できることもきちんと数字で示します。


私のように不動産賃貸業の場合ですと、この本が出るころにはさらに厳しくなります。

担保物件に関して、どのくらいの金額で売却できるものなのか示しておかねばなりません。

国土交通省が提供している「標準地・基準値検索システム」や相続税路線価、固定資産税を支払う際の基準になる評価額なども一緒に書いておきましょう。

「もし御行が融資をしてくださったら預金を〇〇円します」
「支店長の〇〇さんとは個人的に親しくさせていただいております」

このような、銀行が独禁法違反を疑われるような文章や、背任罪を疑われるような文章は冗談でも書いてはいけません。

監修していただいている、元メガバンク銀行員の坂下仁先生もおっしゃっていましたが、銀行はこのような行為や人柄を一番嫌うそうです。くれぐれも気をつけてください。

また、女性の創業支援がある日本政策金融公庫を使用する場合についてですが、こちらは「投資」という言葉は「NGワード」となります。「賃貸経営業」

など、違う表現を使用するようにしましょう。

実は、同じ銀行でも支店や担当者により、かなり力量に差が出ます。

このような情報の取得こそ、良質なコミュニティに入っているかどうかがポイントになります。

最初に、「うまくいっている先輩や先生を見つける」というお話を書かせていただきましたが、先輩や起業仲間としっかり情報交換して、「どの支店に行くと良いのか?」などを、しっかりと情報収集してから借入先を決めてください。

かくいう私も、担当者により力量にかなりの差があることを身をもって経験しました・・・。

その他、事業計画書の雛形は、ネットでも参考になるものがたくさん出ています。書いてはいけないポイントに気をつけながら作成しましょう。

STEP 7 法人はさらに安全に資産運用できる「経営者のための退職金制度」

最近では、会社に勤めずに働くフリーランスの方が激増しています。日本でも、アメリカのように複数の仕事を抱えていたりと、自由な働き方が浸透してきたのだと感じます。

ただし、フリーランスは高収入の方が多い傾向にあるようですが、その一方で税金面の支払いに苦労すると聞きます。

ようやく2020年にフリーランス減税がはじまりますが、社会保障面を考えると「自分法人」、つまりママ社長起業でお話しをしてきた、一人社長での法人を作って節税を行うべきなのです。

法人があると、法人税制の恩恵や社会保障制度の恩恵を受けられます。さらには社会的信用度も、個人事業主より格段に上がりますから、ビジネスチャンスも広がります。

そして、法人を持つと入ることができる「すごい制度」があります。サラリーマンの妻やフリーランスの人に「退職金」はありませんが、代わりとなるような制度があるのです！

それは「小規模企業共済」です。

これは、国がつくった「経営者のための退職金制度」です。退職金の積立額を、所得から全て全額控除されますから、かなりの節税ができます。

掛け金は毎月7万円までかけられます。年間で84万円まで所得から控除され、税金がかかりません。

そして、共済金掛け金の利率は、なんと1・0％での運用が予定されていいます（ちなみに過去5カ年の平均は2・08％です！）。

「独立行政法人 中小企業基盤整備機構」という、経済産業省の外郭団体が運営する退職金制度なので、元本は実質的に保証されているようなものです。

これほど節税効果が高く、安全で、しかも利回りが高い制度はこれしかありません！

そしてもう1つすごい仕組みなのが、「経営セーフティ共済」です。

こちらも中小企業基盤整備機構が運営しています。

月20万円まで掛け金をかけられるのですが、払い込んだ掛け金は税法上、法人の場合は損金にできます。

さらに、個人の場合なら必要経費に算入できるのです。

これだけで年間240万円までの節税が可能となります。

先ほどの小規模企業共済や、他の控除と併用すると、すごい金額が節税できると思いませんか!?

こちらは40カ月以上経てば、いつでも任意解約をして100%返してもらえるので退職金代わりにも使えます。

前納制度を利用すると、年利3・25%で運用できるのです!

このような高利回り運用と節税を、まとめてできるのが法人の魅力です。

STEP 8 情報発信・自社ブランドを広める

「妻リッチ」起業スキームで起業するビジネスは、「素人から成功しているものでなければ難しい」と、繰り返しお伝えしてきました。

その1つに「情報発信ビジネス」があります。

「情報ビジネス」といっても、何か商材を売るような怪しいものではありません。

例えば講師業や著者、ブロガーやオンラインを使うコンサル業の方なども当てはまります。

私も、夫婦で運営している不動産賃貸業の他に、講師業や出版など外に向けて、自分の経験や不動産投資の情報を「発信」しています。

「え、そんなものがホントに儲かるの？」と眉をひそめる方もいますが、外に向けて発信していると、自分でも思わぬチャンスや、「お金では買えない」とんでもないメリットが飛び込んで来ることがあるのです。

今はスマホの普及で、どんどん「インターネット社会」の存在が増していますよね。

例えば不動産賃貸業の場合なら、空室が出ることがあります。
自分のサイトでお部屋を紹介し、自ら入居者を見つけている大家さんもいます。
このように「情報発信」は、事業に大きく影響してくるのです。

トラブルがあった場合も、実は情報発信のメリットがあります。
「困ったことがあって・・・」とＳＮＳに書いたところ、親切な経験者から解決策のアドバイスのコメントが来ることもありました。

また、新人大家の私に、著名な大家さんがお声をかけてくださり、それがご縁で勉強会やセミナー講師を務めてさせていただくこともあります。

実をいうと私の最初の本も、ある著名大家さんから出版社を紹介してくださったのです。

そのご縁がさらに広がり、この2冊目の著書を書いている私がいます！

どんな事業でもそうですが、スタートさせたら情報発信も加えた方が、思いもかけない素晴らしい「ギフト」が降ってくるのです。

また、情報発信をしていないと「自社の良い面を知ってもらえない」わけですし、そもそも「インターネットの検索にも引っかからない」のであれば、存在さえ認知されません。

情報発信とは、すなわち影の社員さんみたいなものではないでしょうか。

しかもお給料がゼロで、24時間ぶっ通しで働いても疲れませんし、文句のひとつも言われません。

さらには大きな契約も取って来たりします！

この影の社員さんに、せっせと働いてもらえるよう発信することはすごく大事です。

STEP 9 夫婦レバレッジでさらに高みを目指す！

「将来の不安から脱出したい・・・」
「理想の働き方をしたい！」
「家族の時間をもっと持ちながらも、会社員と同じだけの収入を得たい」

みなさん、いろいろな想いを抱え、勇気を持って一歩を踏み出し「起業」しますよね！

「妻リッチ」起業スキームのポイントは、「夫婦」で協力し法人を運営していくことです。

夫婦で夢実現シートを作成し、実践していく過程で、どんどん自分の「ミッション」や「やるべきこと」に気づいてきます。

そして「肩書き」ができることにより、ぐっと視野も広がります。

その日からあなたは、お母さん、誰かの妻・・・という毎日だけではなく、「社長」になるわけです。


今まで関わることのなかった人たちとの交流も増えることでしょう。すると「一企業の責任者」としての意識も強くなり、社会にも必要不可欠な存在になっていきます。

あきらめていた夢や、無理だと思っていた願望も、一気に目の前の検討事項になるのです。


ところで、この「妻リッチ」起業スキームは、海外ではよくある夫婦の形態でもあります。

外資系企業が日本の経済を左右するほど、ビジネスや働き方もグローバル化が進んだ今の世の中です。

これからの日本でも、当たり前になる家族の働き方であり「自立」の形といえるでしょう。

また、これまでの1つの収入に頼った働き方も、これからの雇用形態や税制面が、長寿時代においては予測不可能です。ずっと「専業」でいることはリスクがあります。

「専業サラリーマン」
「専業主婦」

どちらも時代遅れ・・・そう言わざるを得ないと思います。

夫婦で協力し、何が起きても大丈夫なように備えておく。
夫婦の形をステップアップして、さらに未来にも備える。

これからの時代に必要なのは「妻リッチ」起業スキームなのです。

夫の立場から見ても妻が起業し、いろんな意味で自立すると精神的にも楽になります。

会社員での安定収入がベースにあり、妻リッチ起業スキームでの収入が入るようになったら、次は、自分のしたい事業に挑戦することもできます。

第5章

もっと妻リッチになる！
「その先」のステップ

本章では、「妻リッチ」起業をはじめた方がさらにステップアップするための心構えをお伝えしていきます。

老後までずっとお金持ち夫婦を続けるためには、事業の成功だけではなく、有意義なお金の使い方の知恵が必要になってきます。

本当に自分がしたかったワクワクする仕事、お金自身に働いてもらう、みんなの幸せのために社会に貢献・・・。

より豊かな人生を過ごすためにぜひご参考にしてください。

①「ワクワク感」を大切にしよう

実際に夫婦もしくは家族と事業をスタートさせて、順調に回ってきたら「次のステップはどうしようか」と考える方も多いでしょう。

「妻リッチ」起業成功者には共通する考え方がありますので、事例を交えながらご紹介させていただきます！

事業を行なっていく上で、自分のモチベーションを維持できるものは何でしょうか。

○好きを仕事にする
○今まで叶えてなかったやりたいことをする
○目標金額までお金を増やすこと

ります。

○どんどん事業拡大して社会貢献

人それぞれいろいろあると思いますが、うまくいくためには必要なことがあります。

まずは3章でご紹介した、夢実現シートを活用して、マインドを「貢献」マインドに変えましょう。

周りの起業家を観察していてわかったのは、「誰かのために」や「役に立ちたい」という考えを持って事業を行っていることです。

第3章でお金の正体や、夫婦でお金持ちになる法則についてお話しをさせていただきましたが、これが鉄則です。

「自分は将来こうなって、周りの人からも喜んでもらえるようになっている!」と、ワクワクした気持ちでシートを見るようにしてください。

毎日が楽しいことばかりではないですが、私の場合は嫌なときこそ、いつも目に入るところに貼ってある夢実現シートを見るようにしています！

「そうだ、私の目標は○○だからまた頑張ろう」

そう気持ちをリセットするときにも活用しています。
実際に2015年の時点では、「2018年に出版する」と書いていました。
毎日見ることによりモチベーションも上がりますし、実際に企画書を書いたりなど、自然と行動に移している自分がいます。
このようにして夢実現シートに書いた通り、2018年の8月末に1冊目の本を出版できました。

他にもたくさん叶っていますが、1つ叶うとさらに楽しくなってきて、それがどんどん行動へとつながり、またさらに叶っていく・・・そんなプラスのループに入っていけます。

気持ちを切り替えて自分が設定した「夢や目標」を頭に刷り込み、ワクワクした気持ちを持つこと。シンプルな内容ですが、かなりの威力を発揮します。

②次は「好きを仕事」にしよう！

2つ目、もしくは3つ目など、次の事業はどうするか悩まれる方も多いです。

でも共通して多いのが、「どうせやるなら好きを仕事にしたい」ということです。

1つめの事業が成功する方は、トライしやすくてお金の増やしやすいものを選んでいます。

例えば本業のスキルを活かした事業、ムリのない投資や手堅い商品の輸出入などです。

それらが安定してきたらこそ、2つ目の事業の選択肢が出てくるのです。

残念ながら最初から「好きを仕事」にして成功する方は、ほとんどいないのが現状です。

最初は得意な分野で手堅く小さく始めて、まずは事業を成功させましょう。

さて、「好きを仕事にする」ときには、思い切ったスタートダッシュをしていきましょう。

最初の事業で人脈も増えます。これからあなたが行おうとする分野での成功者から、学びや提携などのチャンスも自然と生まれてきているはずです。

つまり、失敗しにくい環境からのスタートとなっているのです。

また、その分野のビジネスセミナーに行ったり、必要な資格を取得するなど、学びにおいてもお金がかかると思います。

その点も、すでに安定している事業の稼ぎがあるため、高いレベルで学ぶ費用、思い切った初期投資の費用も捻出できます。

失敗を恐れずに、自分の夢や趣味のために思い切って投資していきましょう。

もちろん、最初の事業で学んだ事業成功の経験も忘れずに応用していきます。

このように、成功している事業がベースにあるので、失敗を恐れずに新しい事業へトライできるのです。

一方、最初の事業で「好きを仕事」にすると、こういった余裕のある成功者の方々と競合することになります。

必然的にハードルは高くなりますよね。

③「お金」を殖やしましょう!

そして3つ目に、稼いだお金を投資や資産運用で増やす方法についてご説明します。

お金は貯金しているだけではほぼ残高は変わりませんね。

だから増やしていくには、「お金に働いてもらう」ための行動が必要になります。

本書で繰り返しお伝えしていますが、私の場合は「妻リッチ」起業の事業に、不動産投資を選びました。そのため、必然的にお金に働いてもらっています。

わかりやすい事例だと思いますので、改めてご紹介していきます。

私は「妻リッチ」起業に不動産投資を選んだあと、不動産投資の勉強をしていきました。物件をたくさん見たり、気になった物件はすぐに現地調査したりなど、行動を繰り返し、購入。

そしてまた2棟目へ・・・とトライしていきました。

実践してわかったのは、事業の拡大を成功させるには、細かいステップ（段階）が必要だということです。

不動産投資なら、いきなり何億円もの大きなマンションを購入してしまう。

事業なら、たくさんの人を雇ったり、大量の商品を購入したり、設備投資をする。

こうなるとやり直し、後戻りはできませんよね。

これまでに多くの成功起業家を見てきた坂下先生からも、やはり「最初は小さく始めましょう」と教わりました。

それではここから、私はどのようにお金を増やしていったのかを簡単にご紹介していきます。

最初は、現金で購入できるような築古の戸建てを購入しました。当然家賃収入も少ない、本当にスモールステップのスタートです。

小さなもので、まずは「経験する」ことを考えました。

しかし、後から考えて正解だったと思います。

やはり、不動産投資での高額な借り入れは勇気が必要ですし、どうしようかと迷っているうちに時が経ってしまいます。

もしもアパートやマンションを選んでいたら、なかなかスタートできず拡大にももっと時間がかかったと思います。

戸建てを選んだ私は、現金ですぐに購入できて、万が一失敗しても、それほど痛手を追わない戸建て物件を探しました。

その後は買い付けを出す～購入する～リフォーム（DIYする）～客づけをする～運営する～税金を支払う・・このような一連の流れを早いうちに経験

できたのです。

また、すぐに始めた効果は、経験を積むことだけではありません。

自分は不動産投資に向いているのか？

手法はどのようなものが良いのか？

経験と同時に、このような事業自体における私の適合性の確認もできたのです。

一連の流れを経験して、大家さんが自分には向いていると判断できたので、次は金額をアップしてアパートを購入しました。

私の場合は、第２章でご紹介しました日本政策金融公庫の「女性、若者／シニア起業家支援資金（新企業育成貸付）」制度を使って購入しています。

購入の名義は新規法人（ママ社長を務める会社）で、その当時働いていた会社を辞めたばかりでしたが「妻リッチ」起業スキームの方法ですと融資が引けました。

投資で得た収入を複利で回すという考え方

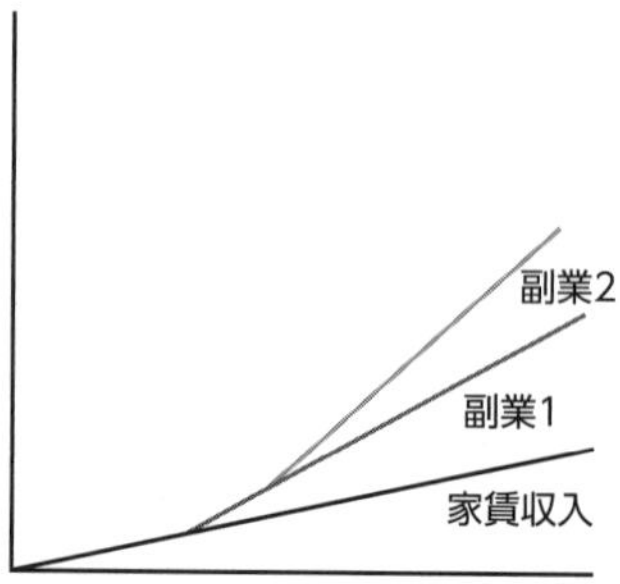

・アメリカの場合ドルで家賃が入る
　収入の一部をドルの積立や海外の金融商品へ投資

・フィリピンの場合、入ってきたフィリピンペソを証券会社で運用、フィリピン株

その後は市場が変わり、かなり国内物件の価格が高騰していたので、2017年からは海外物件を少しずつ増やしています。

では、なぜ海外の物件も購入したのかというと「分散投資」の考え方からです。

1つの事業が回ってきたら、その一部を次の事業に回す（投資する）という、複利の考え方を持ち、どんどん夫婦でステップアップしていくことが「お金持ち」になるための最も合理的な方法ではないでしょうか。

④事業を拡大してどんどん世の中に貢献する

そして、事業を進めていると共通して湧いてくるものがあります。

それは「事業を拡大して、どんどん社会貢献しよう」という気持ちです。

妻リッチ起業をした人の共通の考え方の一つが、この「もっと社会貢献したくなる」というマインドです。

第6章でお話を伺った妻リッチ起業仲間の中島夫妻も海外と日本で法人を持ち、視野を広げて事業を拡大されています！

その原動力は、日本以外にも進出していく人が増えるようにサポートや、社会に役立てるものを残したい想いからだそうです。

私の場合も、不動産の物件を購入するときの目線は、入居者さんにとって「良心的な価格で安心して住める部屋」を提供することです。

目線に合ったものをこれからも増やして、誰かのお役に立てればといつも考えています。


また、本を執筆して出版したり、初心者の方へのセミナーや勉強会などの講師業も、事業拡大の一つであると思って行っています。

これらの情報発信には、私のある想いがあり行っています。


最近の私は、入居者さんが幸せになる不動産経営に加えて、社会貢献を行いたいと考えています。

それは、「「妻リッチ」起業の方法で、幸せに豊かになる家族を増やしていきたい」ということです。


入社から定年退職まで同じ会社で働く。

旦那さんだけ働き、奥さんは家庭を守る。

老後は年金があるから安心。

もはやそんな時代は終わろうとしています。

一方、「妻リッチ起業」は、働き方の選択肢が増え、専業のリスクから解放され、年齢やライフスタイルの変化にも影響されない、新しい家庭のワークスタイルです。

だからこそ、今このタイミングに、私たち夫婦が豊かになった「妻リッチ」起業を多くの方へ知ってもらいたいのです。

そんな想いをもって、これからも活動を続けていきたいと思っています。

第6章

「妻リッチ」
成功者事例インタビュー

パート主婦から、不動産投資をはじめて月収100万円超えの「妻リッチ」人生に！テレビ・雑誌でも話題の主婦大家さん

舛添菜穂子さん、タロウさん　ご夫妻

人に雇われているときは、こっちがもらってなんぼっていう感覚で、お金や時間を先行投資していなかったです。それが今では投資することができるようになりました。
対価が得られるのかわからないけれど、その人にお金を払って何かをしてもらうとか、そういう投資ができるのは大きな変化だと思っています。

～舛添ご夫妻インタビュー内容より抜粋

★プロフィール

東京都在住。夫が会社勤務をしつつ、妻の菜穂子さんが不動産投資で起業し大成功。ネットでは、「主婦大家なっちー♪」の愛称でおなじみの女性カリスマ大家さんとなる。大阪在住の独身OL時代に倒産・リストラ・ブラック企業を渡り歩き、さらにFXで失敗する。その後、不動産投資に出会い資金500万円を使い地元大阪に中古戸建を購入して大家さんデビュー後、千葉・大阪・東京で立て続けに戸建てを連続購入。さらに団地やマンションの区分、アパート1棟、レンタルスペース運営などの家賃合計収入額は月額80万円以上となった。メディアからも注目を浴び、民放人気番組TV出演やビジネス誌インタビュー等の実績多数。『コツコツ月収80万円！主婦大家“なっちー”の小さな不動産投資術。』『最新版 パート主婦、“戸建て大家さん”はじめました！』（共にごま書房新社）など著書3作を出版。

・ブログ『パート主婦、“戸建て大家さん”はじめました！』
https://ameblo.jp/naaachin0225/
・ラジオ　メインパーソナリティ番組【なっちー大家の小さな不動産投資カフェ！】
毎月 第1・第3 水曜日 夜10時～放送中！
http://www.fmu.co.jp/bangumibetsu_na.html（ラジオ局サイト）
・YouTubeチャンネル「不動産投資家なっちーチャンネル」
https://www.youtube.com/channel/UChHZINeHOoxbp-e8aGcQ-ww

コツコツと物件を積み重ね、家賃年収1000万円を超えた不動産投資（戸建11戸、区分3戸、アパート1棟（4室）、ほか）

イベンターとして次々と斬新な企画を考案
（なっちー会プレミアムクリスマスパーティ2019より）

TBSテレビ「白熱ライブビビット」にも出演！

女性不動産投資家NO1 ユーチューバーとしても活躍中！

ラジオ番組メインパーソナリティとして毎回役立つ情報を発信！

古　不動産投資、また大家さんとしての先輩といえば、なっちーさんです。今日はよろしくお願いします。

な　こちらこそ！　古川さんとは妻社長倶楽部で講師としてお呼ばれして以来、親しくさせていただいています。

古　その節はお世話になりました。ところで、なっちーさんはもともと妻社長を目指していたのですか？

な　そうですね。私の場合は社長を目指していたわけではなくて、自然となった・・・という感じです。というのも不動産投資をはじめた2012年ごろは1～2戸レベルでした。とにかく買うことが目的というか、買うというハードルを越えるのに高さを感じていました。だから法人なんて考えたこともなかったです。

古　何かきっかけがあったのですか？

な　不動産の売却です。個人で買った物件を売却したところ利益が出ました。このときは事情があって売ったので短期譲渡だったんです。個人の短期譲渡は税率がすごく高くなってしまいますが、その辺のことも理解していなくて・・・。そのときは車を買えるくらいの税金を払いました。それがきっかけで2014年のことです。

古　なるほど。売却がきっかけなんですね。なっちーさんといえば、戸建て投資が有名ですが、今はどんな投資をされていますか？

な　戸建て以外にも団地やアパート、貸し会議室などいろいろしていますが、今は戸建ての再生をしています。去年は買いすぎてしまい、なんと同時に5軒を再生中です。

古　それはすごいですね！

な　そのうち2軒はもう工事が終わって、まもなく稼働予定です。

古　2012年から不動産投資をされたそうですが、これまでご苦労はありましたか？

な　苦労はいろいろしています（笑）。業者さんとの付き合い方をはじめ、リフォームや客付けなど、語りつくせない苦労があります。これは、『〈最新版〉パート主婦、〝戸建て大家さん〟はじめました！～貯金300万円、融資なし、初心者でもできる「毎月20万円の副収入」づくり～』『コツコツ月収80万円！主婦大家〝なっちー〟の小さな不動産投資術。』（共に、ごま書房新社）に書いてありますので、ぜひ読んでいただきたいです。

古　なっちーさんは会社をつくって妻社長をはじめる際に、ご主人へ相談されましたか？

な　それがしていないんですよ。主人は私の不動産投資に対して無関心で、8年間続けているブログも知らなかったくらい。さすがに本を出していることは知っていますが・・・。会社を持っていることも今は知っていると思いますが、まったくの無反応ですね（笑）。

古　それはそれですごい話ですね。妻社長をはじめて一番変わったことは何でしょう？

な　お金の使い方が変わりました。人に雇われているときは、こっちがもらってなんぼっていう感覚で、お金や時間を先行投資していなかったです。
それが今では投資することができるようになりました。対価が得られるのかわからないけれど、その人にお金を払って何かをしてもらうとか、そういう投資ができるのは大きな変化だと思っています。ビジネスとして投資をすることに対し、腹をくくる意識が芽生えました。

古　**お金に対する意識は私も大きく変わりました。なっちーさんの今年の目標は何でしょうか？**

な　とにかく今は再生中の物件がいくつもあるので順番に仕上げていきたいですね。すべてが稼働しはじめると、月のキャッシュフローが１１０万円になる予定です。

古　**すごいです！**

な　まだまだ小規模ですけどね。それと今は所有数が18戸なので、もうちょっと頑張って20戸までに規模を増やしたいです。

古　**なっちーさんなら必ずできると思います。最後に読者の皆さんへメッセージをお願いします。**

な　そうですね。まず一番に言いたいのは「考えるより動くこと！」です。

何も考えないで動くと失敗することもあるけれど、ずっと考え続けていても何もはじまりません。小さくはじめて、なるべく自分が関わっていくのがオススメです。

まずは一回やってみると、その大変さや、どの辺にお金を使ったらいいのかがわかってくるようになります。だから最初は自分でやってみるのが大切。

やっていきながら失敗をいっぱい体験したほうがいいですね。私も失敗をし続けていますが、一度味わった失敗はしなくなるから、そうやって成長していくんだと思います。

古　**すごく勉強になります！**

な　不動産は高額ですから最初は誰しも怖さがあると思います。そこを恐れない。ある程度、脳みそを騙してでも乗り越えていかなければなりません。

あとは楽しみながら、わくわくしながら続けるのがコツです。たとえば、リフォーム業者とうまくいかずに悩んでいても、「こんなリフォームにしていい部屋にしよう！」と発想を転換するのがいいと思います。
そのように目標を立てて、それに向かってコツコツと続けていくこと。そうすれば大成功はしなくても大失敗はないし、徐々に目標に近づけるはずです。がんばってください！

古 **聞いているだけでモチベーションが上がりました。本日は貴重なお話をありがとうございました！**

クッションの輸入ビジネスで大成功！
東急ハンズ、高島屋、ドンキホーテ、ヴィレッジバンガード・・・
大手量販店とも取引中。

西村幸子さん、健太さん　ご夫妻

「そうです！　香港の展示会（見本市）へ行って、3日間商品を探しました。

日本で売れそうな商品を見つけ独占販売権を取り、メーカーや工場と交渉し輸入します。

その後東京の展示会に出展してバイヤーにアピールします。

コンタクトしてきたバイヤーと交渉して販売ルートを開拓してきました。

今はゆいクッションという商品を販売していて、日本のお店では東急ハンズや高島屋オンライン、ドンキホーテ、ヴィレッジバンガードなどで取り扱われています。」

～西村ご夫妻インタビュー内容より抜粋

★プロフィール

東京在住、30代の夫婦。第87回東京インターナショナル・ギフト・ショー春2019輸入人気コンテスト・準大賞受賞。

夫婦共に会社勤務をしながら、輸入販売会社（株）東京フェリストレードを設立し、「妻リッチ」起業術を実践中。展示会出展をきっかけに、複数の大手量販店との販売委託契約を次々と勝ち取る。今後はさらに扱う商品や店舗数を増やすなど規模を拡大予定。そのセンスが話題となり「SPA」の取材をはじめメディアからも注目されている。

・東京フェリストレード 公式サイト：https://t-feliz.com/
・Instagram：office_feliztrade
・facebook：@yuicushion

見たことない！面白い！使える！モノを発掘し、お客様へ提供

「東京インターナショナル・ギフト・ショー」出展の様子

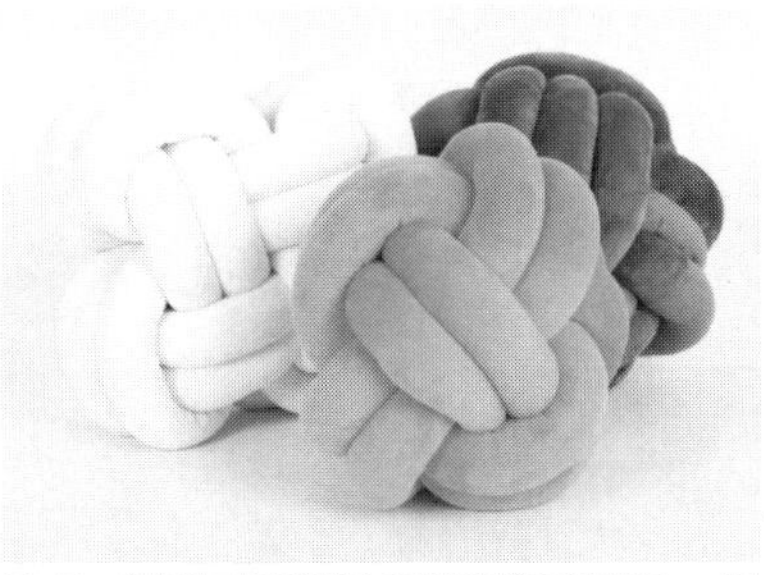

ヨーロッパなどで10万個以上の販売実績の商品をチョイス

全国の東急ハンズやドン・キホーテなどで提携販売中

古　お金のソムリエ協会が設立される前の妻社長倶楽部からのおつきあいの西村幸子さんにお話しをお聞きしたいと思います。改めて今日はよろしくお願いしますね。

西　こちらこそ！　今日はよろしくお願いします！

古　では、質問させていただきます。「妻リッチ」起業を始めた時期ときっかけは？

西　きっかけは書店で、監修の坂下仁先生の著書「いますぐ妻を社長にしなさい」を手にしたことです。

もともと自分は会社員に向いてないなと思っていて、何かないか探している時に本を見つけてセミナーに参加しそこで坂下仁さんに出会いました。

セミナー中に、倶楽部メンバーのインタビュー動画があり、そこに出演していた古川さんをみて、同じ年代で頑張っている人がいる！　と刺激を受けました。

古　私も会社員に向いてないと思って自営業を考えていたので同じタイプですね笑

西村さんの取り組んでいる副業について教えていただけますか？

西　最初は不動産も興味がありましたけど融資の厳しくなっている時期だったこともありました。

お金のソムリエ協会のセミナーに来られたゲスト講師の先生から輸入ビジネスの話を聞いてそちらをやって見ようと思い輸入ビジネスを始めました。

ちょうど不動産投資をしようかと頭金も貯めていたので。

古　独占販売権を取る方法の輸入ビジネスですね？

西　そうです！　香港の展示会（見本市）へ行っ

て、3日間商品を探しました。
日本で売れそうな商品を見つけ独占販売権を取り、メーカーや工場と交渉し輸入します。その後東京の展示会に出展してバイヤーにアピールします。
コンタクトしてきたバイヤーと交渉して販売ルートを開拓してきました。
今はゆいクッションという商品を販売していて、日本のお店では東急ハンズや高島屋オンライン、ドンキホーテ、ヴィレッジバンガードなどで取り扱われています。

古　**大手と取引されていてすごいですね！　でも、始めた当初は大変なこともありましたよね？**

西　本当に失敗の繰り返しでした！　忙しすぎて倒れたしその時はフルタイムの仕事をしていたので会社の仕事と、したことのない営業や値付け作業などで疲れきってしまいました。事務作業でも請求書発行を忘れてしまったりなどミスがありましたね。

古　**やはり初めての経営ですしね。鍛えられてたくましくなりますね！**
ご主人とは妻リッチ起業をする際どのような相談をされましたか？

西　最初に、坂下仁先生のセミナーから夫婦一緒に参加しました。
初めは半信半疑だった夫も、私の決意に賛同してくれ一緒に頑張ろうという話になりました。輸入ビジネスも、これならやってみたいと意見が一致しスタートしました。

古　**ご主人も一緒に協力してくれているのですね。**

西　海外の交渉やメールのやりとりなどを担当してくれるので助かっています！

古　ちなみにご主人はどんなお仕事をされていますか？　ご夫婦での趣味とかありますか？

西　夫も自分と同じでサラリーマンなんです。お互い二本柱でやって来ました。夫婦で海外旅行がするのが趣味なので輸入ビジネスは自分たちに合った副業だと思っています。

古　起業して、環境も変わったのでは？

西　そうです！　まず人付き合いが変わりましたね。

友達が今までは少なかったけど「妻リッチ起業」の仲間ができたり輪が広がり楽しくなりました。

性格も社交的に変わったんです。やはりどの仕事もそうだと思いますが人脈から仕事が広がったりしますしかなり人付き合いが変わりましたね。

生活面は二人とも忙しくなりましたが、収入面は、私もまだ週3日は働いているのでそのお給料と、ビジネスの収入を足して年収が倍以上に増えました。

経費も使えるようになったので、昔は参加費5千円のセミナーも躊躇していたのに今は気にせずきになったものは全部参加しています。また、ビジネスのために国内、海外へ視察旅行など、どんどんするようになりました。外食時の注文（値段）もあまり気にしなくなりましたね（笑）。

将来のための自分への投資が出来ると、一つ上のレベルに行けるのかなと思っています。

古　社長になるとそこが変わりますよね！　今後はどのような展開を考えていますか？

西　商品が増えていくと思うので、売上が上がっていく見込みです。

来期は二倍の売り上げにしたいですし商品も一年で五倍にしたいですね。

今は週3日勤務の会社員なので将来的にサラリーマンを辞めて、自分は独立を考えていて将来は人を雇ったり、オフィスを借りたいと思っています。

古　**妻リッチ起業を始める際のアドバイスをいただけますか？**

西　妻が社長だけど、法人は妻だけのものと思わず、どっちかの責任と押し付けず、夫婦同じ方向を向いて協力しながらやることが大事だと思います！　違う方向を向いていると続かないし、仲良くないと共倒れにもなります。仲良く協力して進むのが大前提ですね。

そして失敗しないようにするためには、準備が大事。もしかしたらこうなるかもしれないという予測をし、事前の勉強が大事だなと思います。基本的な事務経理の知識、営業の知識を一通り勉強すること。社長になる勉強をして、夫婦協力しながら進めることですね。

古　**最後にご夫婦の夢は？**

西　海外にいてもできる仕事なので、国内外で仕事をしながら自分たちの好きな国で暮らしたいと思っています！

古　**素敵な夢ですね。今日はありがとうございました！**

ドバイの「妻リッチ」ご夫婦！「翻訳、不動産事業、ドバイでの商品販売」3社の経営で世界を相手に活躍中!

なかしままさ美さん、健志さん　ご夫妻

海外の起業も実は日本と同じなんです。ハードルが高いように思うかもしれませんが、志を持って動くと必ず応援してくれる人が現れることに気付かれると思います。

行動力と好奇心、そして少しの勇気を持っていれば道は拓けます!!

自分の人生を輝くものにできるのは自分の志だけだと思います。そして、日本だけでなく視野を広げて、日本以外にも進出して行く人が増えてほしいと思います。


～なかしまご夫妻インタビュー内容より抜粋

★プロフィール

大阪出身、東京在住の50代夫婦。夫は勤め人をしながら主に妻が事業を担当。まさ美さんは、外資系企業を含め英語を使った仕事をしながら2006年まで正社員として勤務。その後は大手英語スクールの英会話講師としてパート勤務するも、同じスキルでも正社員と非常勤の仕事の安定感の違いの大きさを実感。パートよりも仕事が多く、時間の自由度も高くなるフリーランスの英会話講師をおこないながら、通訳翻訳者として起業する。起業後は翻訳の仕事を柱にしつつ、2007年には不動産賃貸業や民泊事業を行う2つめの法人を設立。

さらに、通訳での「一ヶ月だけ」という約束のドバイの仕事が、想定外の5ヶ月の滞在となった過酷な体験中に日本の商品販売の可能性に着目。ビジネスガイドとして活動できる現地の公的ツアーガイド資格を取得した上で3社目となるミニ商社を設立し物販を開始。日本商品を購入したい中東の顧客と、中東に販路を求める日本企業との橋渡しをおこなっている。

◆公式サイト、ブログ、SNSなど
・活動紹介サイト（まさ美趣Learn）　https://masami-n.com/
・ドバイの輸出入販売（MASAMI TRADING LLC）
https://www.masamitrading.site

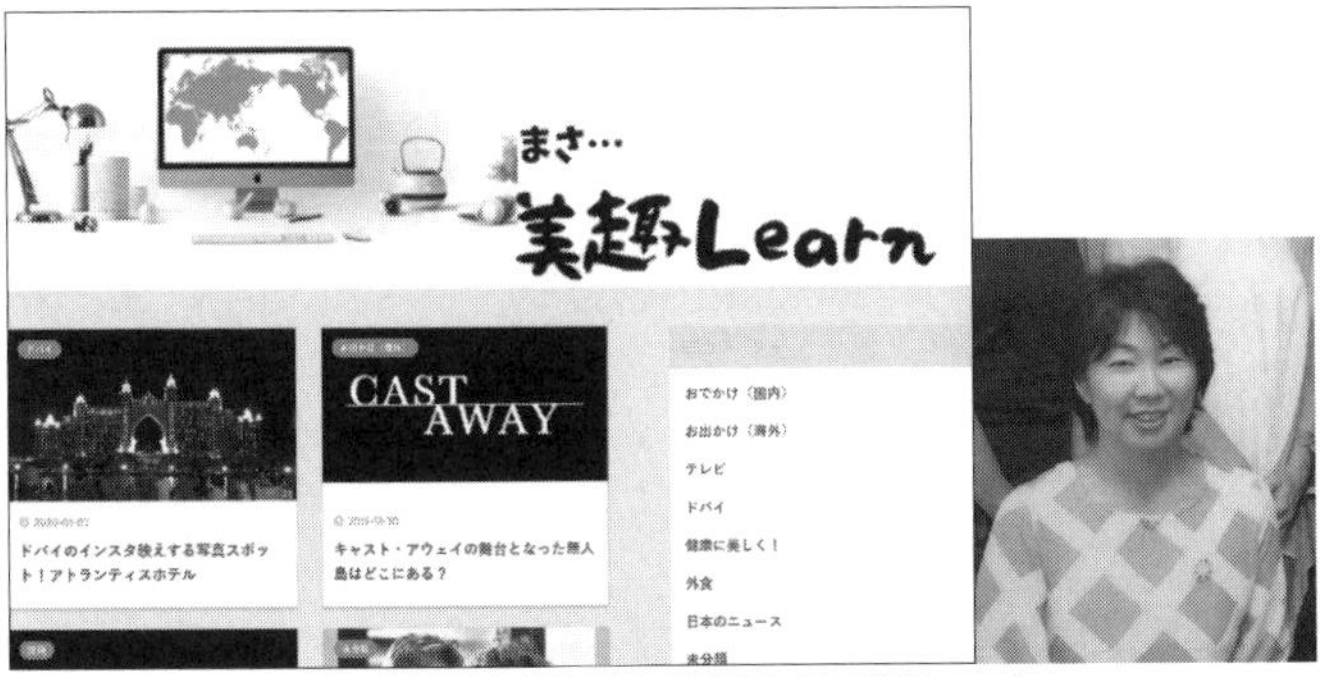

妻のまさ美さんが精力的に情報発信（まさ美趣Learn）

木造アパートでの不動産賃貸業（神奈川県藤沢市）

ドバイガイドライセンス

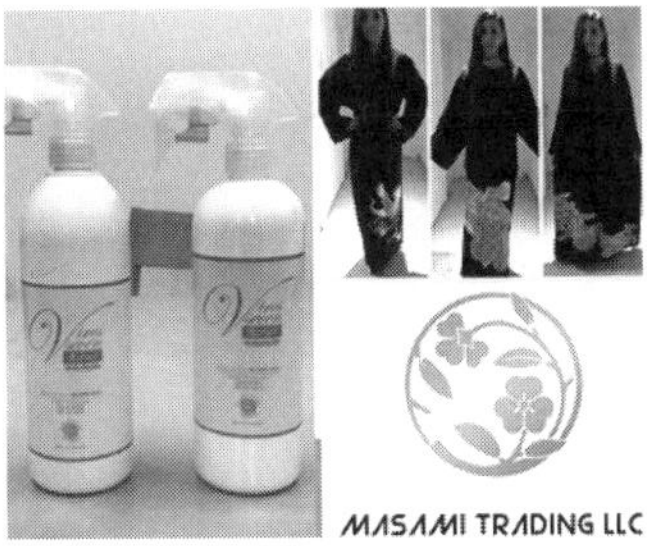

ドバイにて日本製商品を輸出入

古　**今回はお金のソムリエ協会の仲間であり妻社長仲間である中島雅美さんにお話を伺います！　本日はよろしくお願いします。早速ですが、中島さんが「妻リッチ」起業を始めた時期ときっかけを教えてください。**

中　本日はよろしくお願いします。実は坂下さんの本に出会う前に合同会社を設立していたんです。２０１３年にマーケティングの勉強会で出会った仲間数人と会社を作ることになり設立しました。仲間と話し合って、合同会社にしましたね。その後いろいろあり自分が会社を引き取って代表になりました。

古　**では早めに始められていたのですね！**

中　そうです。その後坂下さんの「いますぐ妻を社長にしなさい」に出会いすぐにセミナーへ参加したいと思いました。ただ募集があってもすぐに満席になっていてやっと受講することができたのが２０１６年の3月の入門セミナーでしたね。ただその時期に私は実はドバイに行き始めた時期で、夫にかわりにセミナーを受講してもらいました。

古　**覚えています！　ドバイの妻社長がいらっしゃる！　すごいと思っていました（笑）その時が出会いでしたね。**

中　そうでしたね！　私も日本に帰国しているときにはセミナーに参加していたのでそのときに古川さんと会いましたね。

古　**ドバイのお話もありますが、ご夫婦で運営されているビジネスを教えていただけますか？**

中　夫は会社員をしていますが、私の法人のサポートもしてくれています。

法人は2社あって、最初に作った法人では翻訳や通訳、英会話教室の運営を行っています。2社目は2017年に、不動産賃貸業や民泊事業を行う法人を設立しました。さらにドバイにも1つ法人があり、ドバイでの観光ガイドの仕事や輸出入ビジネスを行っています。ドバイ在住のビジネスパートナーとの共同出資会社で私はは2割を出資しています。

これらの会社での事業に加え、最近はブログで、ドバイでの事業や不動産賃貸業についての情報発信も始めています。

古　**ありがとうございます。ドバイでの事業をやっておられる方というのが周りにもいませんしすごく興味深いです！始めた当初は大変なことも多かったのではないですか？**

中　そうですね、かなり人で苦労しました。信頼できる人と巡り会うということがかなり難しいと痛感するようなことがたくさんあり、売上金を持ち逃げされたりパートナーシップを結んでいた相手にも法外な手数料を請求されたりなど金銭的にも精神的にもしんどい経験を何度もしましたね。

やはり、いくら最初は円満な関係でも状況が変わると態度を急変させる人も多く、このような経験からも家族で協力して行うビジネスがやはり良いのだなとも思いました。

古　**家族で行う妻リッチ起業は、安心して行えますよね。起業を始めるときはご主人に相談はされましたか？**

中　最初の会社を作ったときは実は夫に事後報告でした（笑）。夫には嫌な思いをさせたと思います。ですので最初は前向きな協力はなかったですね。

ただ、お金のソムリエ協会で夢実現シートについて学び夫婦で将来の目標についてシェアできたことで夫が協力してくれるようになりました。私が思いつきで起業したのではなくきちんと目的や目標があって起業したのだとわかってもらえたのが大きかったですね。

古　ご夫婦を見ていて最初からご主人がかなり奥様を支援されていると思ってました！妻社長を始めて何が一番変わりましたか？

中　マインドが変わりましたね。目先の自分たちの利益だけに目を向けることがなくなりました。長期的な目線で自分たちの目指すところをはっきりさせて行動できるようになりました。

いろいろビジネスで痛い目に会いましたがその経験も、人のお役に立てるように発信していこうという考えが強くなったことが大きな変化だと思います。

古　素晴らしいですね！　他の方に同じ経験をしてほしくないという気持ちが出てこられたのですね。

中　次に続くかたのお役に立てたらと思います。

古　今後の方向性について教えていただけますか？

中　ドバイでの事業に関しては、ドバイで2020年にエキスポが開催されるので、今まで以上に忙しくなるかなと思っています！

嬉しいことに輸出を手がけていた商品が日の目をみるかもしれないというところまできましたし、日本から商品を購入したいという業者さんとのご縁も出てきましたので、取引も活発になると思います。

不動産事業の方も昨年アパートを取得しましたし、今年の11月からは大阪で民泊事業もスタートしましたので、来年は収益増になるかと思います。

今後も物件を増やしていこうと考えています。

古　**今年種まきしていたものが来年いっきに花開きそうですね！！**

この本の読者の方へ企業をスタートする際のアドバイスをいただけますか？

中　やはり行動することだと思います。

海外の起業も実は日本と同じなんです。ハードルが高いように思うかもしれませんが、志を持って動くと必ず応援してくれる人が現れることに気付かれると思います。

行動力と好奇心、そして少しの勇気を持っていれば道は拓けます!!

自分の人生を輝くものにできるのは自分の志だけだと思います。そして、日本だけでなく視野を広げて、日本以外にも進出して行く人が増えてほしいと思います。

古　**ありがとうございます！**

起業により生活面の変化はありましたか？

中　妻リッチ企業の特徴は、会社員という夫の属性で生活のベースは維持しつつ新しい分野に挑戦するというのがメソッドの1つの効果だなと思います。

年齢とともに体力面の変化もあり、パートでの働ける場も限定されてきますが、妻が社長になるこの方法ですと、そのような限定に悩まされることもなく、自らの世界を切り開くことで時間も精神的にも余裕ができますし年齢関係なく豊かな人生がおくれるなと実感しています。

古　**ライフスタイルや年齢などの変化に影響されないのがこの起業方法の魅力の1つですよね！**

では最後にお二人の夢を聞かせてください。

中　世界中を旅するように暮らしたいと思っています！

どこに住んでいても収入が得られ、常にいろいろな人との関わりを持ちお互いに良い影響を与え、与えられながら生きていければと思います。

夫婦で共通しているのは、何か社会にお役に立てるものを残し、人のお役に立ちたいということですね。

古　ありがとうございました！

インターネット事業を通して「おうちで働くことで家族の幸せを実現しよう」を体現！協会理事長、妻社長として活躍中！

日本おうちワーク協会代表理事 **上浦有賀**さん、**基**さん **ご夫妻**

やっぱり一番は、子供の将来のことが心配だったんです。

子供を育てるのにはやはりお金がかかるので・・・。

大学まで出るのにいくらいるとリアルな数字で考えると、この状態で大丈夫？　という不安があったところから、自宅で稼げるようになり、将来の見通しができたことでこれで、やっていけそうだねという話になりました。

～上浦ご夫妻インタビュー内容より抜粋

★プロフィール

関東在住のご夫婦、お子さんの教育にも熱意。協会ビジネス推進機構『協会チャレンジアワード2019』優秀賞受賞。

夫は大学勤務をしながら、妻が「妻リッチ」起業で大成功。現在は夫も専業となり夫婦で「妻リッチ」経営中。

長女出産の育休中に、出生時の二部脊椎の後遺症から、右足首関節症を発症し普通に歩けなくなる。松葉杖を利用しての生活となり首都圏への通勤が伴う会社復帰を諦める。日本IBM株式会社での営業5年の経験を活かし、「ブログアフィリエイト」というインターネットで自宅で収入が得らえる方法を駆使した副業を開始。自身の主婦の関心事を書いたブログで、わずか7か月目で月100万円を達成。その後、アフィリエイト事業に本格的に取り組み、1年5か月で法人化。1期目、年商4100万円を達成。月の最高売上は月500万円を達成する。

「自分のように「制約」があって外で働きたくても働けない人に、自宅で仕事ができる選択肢を広めたい」という理念に基づき、講師育成を中心とした「おうちワーク」協会を設立し社会貢献にも意欲的に取り組んでいる。

・日本おうちワーク協会公式HP　https://ouchi-work.jp/
・Facebook　https://www.facebook.com/kamiurayuka
・公式無料メルマガ　https://ouchi-work.jp/mailmagazine

「妻リッチ」起業で大成功の上浦ご夫妻

協会1周年パーティーで副理事長たちと

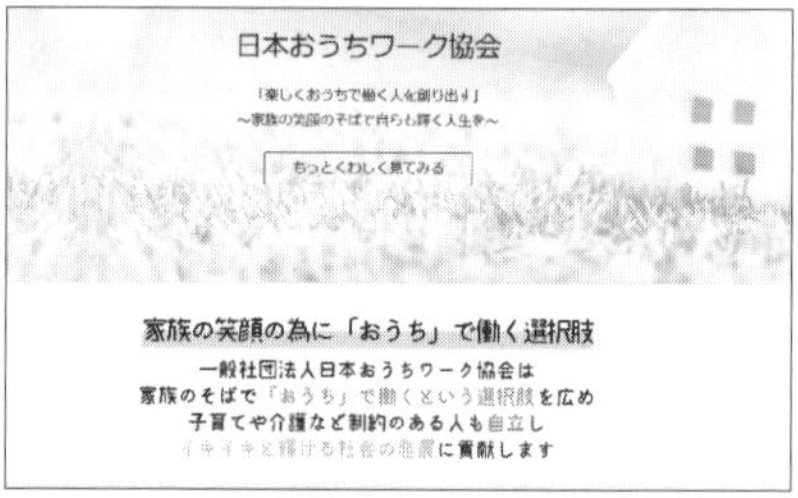

協会ホームページから理念と新しい働き方を発信中！

生き生き活躍中！
おうちワーク協会認定講師メンバー

「お金のソムリエ協会」での倶楽部メンバー向けセミナー

古　こんにちは！　今日は監修の坂下先生も私もとてもお世話になっている上浦有賀先生にお話しを伺います！　よろしくお願いします。

上　こちらこそ！　よろしくお願いします！

古　上浦先生が起業するきっかけと時期を教えていただけますか？

上　元々は、IT企業の会社員だったんです。出産後に育休を取っている時に右足を悪くして杖を使う生活になりまして、営業職だったことと、都内への電車通勤を考えた時に復帰は難しいなと思い、別の仕事はないかな？　と探し始めました。

夫から今はネットを使った仕事が色々あるみたいだよと教えてもらい、自分で調べるうちに、ホームページを作っていろんな商品を紹介する「楽天アフィリエイト」、「Amazonアソシエイト」といった「ブログアフィリエイト」や、「Googleアドセンス、」という、ブログにアクセス数を集めて広告収入を得られる方法があると知りました。

ちょうど2016年1月にブログをスタートし、軌道に乗った2017年5月に株式会社を立ち上げ妻社長になりました。

古　元々もブログをされていたのですか？

上　昔はやったことはなくてSNSくらいしかしたことがなかったんです！

古　元々は起業を考えていたのではなく、状況が変わってのことだったのですね。

上　そうなんです。私が足を悪くしてしまったことで、主人は、仕事と家事、育児、通勤が片道2時間だったので瀕死状態で。足を悪くした私のサポートもしなくてはならず、子供は生後9か月。

私は仕事を辞めたという状況でした。

ものすごく家庭内が大変になり何か家ででできることはないかを考え、ブログに出会いました。

「起業したい」というよりは、外で働けなくなってしまったので、「在宅で収入が欲しい」という気持ちの方が大きかったです。

古　坂下先生とは協会の理事長さんが集まる勉強会が出会いですか？

上　そうですね！　坂下さんとは協会の理事長が集まる勉強会で知り合いました。

お金のソムリエ協会さんも、ご夫婦で幸せになるために起業を始めようという理念で、私が運営しているおうちワーク協会の理念も「おうちで働くことで家族の幸せを実現しよう」というものなので親和性があるなと思い仲良くさせていただいています。

一度、お金のソムリエ協会さんのセミナーで登壇させていただく機会があり、そこで古川さんと出会いましたね。

古　上浦先生が「私も実は妻社長なんですよ！」とおっしゃっていたのがとても印象に残っています（笑）。ご主人様は、ご一緒に仕事をされているのでしょうか？

上　主人は元々、私と同じように外で勤め人として働いていたのですが、いまは私の会社の経営に携わってくれていて、副社長が主人です。

ブログ事業やＩＴコンサルティング・ＷＥＢマーケティング事業を夫と経営しています。

古　事業を始められたときは大変なこともありましたか？

上　そうですね、株式会社にしたときはもう軌道に乗っていたのですが、ブログをスタートした当初は「本当にこれで収入が得られるのかな？　成果が出るのかな？」記事をたくさん書いたのにアクセスがこない時など、大丈夫かな？　という考えが頭にありすごく不安でしたね。

古　**起業する時にご主人とはどのような相談をされたのですか？**

上　最初、二人とも雇われて働いていて共働き夫婦ばかり周りにもいて、二人分の収入があるというのが普通の状況でした。一人働けなくなって、さらに妻は足のことがあって家事もできないし、子供は生後9ヶ月でさらに手のかかる時期に差し掛かり、その時夫は通勤に片道2時間かかっている時だったので家事と仕事と通勤と、育児と私のサポートで瀕死状態になっていたんです・・・私は働くこともできないし。

家のことをできたらいいかな・・・と最初はやっていたのですが将来的に収入を得られるようになる方がいいよねという話になって。

最初にもお話ししましたが主人からネットを使う仕事があるみたいだよと教えてもらいました。

古　**すごく優しいご主人ですね！**

上　家でネットで稼げるのなら、確かに自分が家族のためにできることになるなと思って「ブログ」をはじめました。

いろいろと調べた時に、株・FXや不動産投資や転売なども家でできる投資として情報が出てきましたが、初期投資コストが一番低かったのでブログにしました。自分が収入がない状態だったので、他のものだと始めにくかったです。

でも実はブログを始めたことは最初夫には内緒にしていました（笑）。

勉強するのに費用もかかっていますし、最

初騙されてないかな？　とか心配もあったので。

でも成果が出てきて、3ヶ月目くらいから月10万円の収入が入るようになったんです！

古　え！　すごいですね！

上　ネットで調べたことは本当だった！　と(笑)

これはGoogleアドセンスというGoogle社のウェブ広告収入だったのですが、きちんと取り組んだら会社で働いていた時のような収入になるのかな？　と思ったんです。そこで夫に初めて「ブログやってみたら収益発生してきたよ」と伝えました。

古　びっくりされていたのでは？

上　びっくりしていましたね！

ブログを続けて7ヶ月後ぐらいに月１００万円くらい収入を得られるようになったんです。驚愕していましたね。

勤め人から見たら、短期間にそんな収入が上がることってないですし。

古　月１００万稼げる人ってかなり少ないですしね。

上　そうですね。会社員時代のお給料を超えたあたりから、真剣にブログを書いているときなど夫がかなり協力的になってきて、作業中にコーヒーが出てくるようになりました(笑)。

子供の寝かしつけもやってくれたりしましたね。

古　これはすごいと思われたんでしょうね。

上　そうなんです。さらに私が楽しんで取り組んでいたので、それを応援してくれているのがわかりましたね。

ブログのおかげで、家の中が明るくなりました。

最初は、妻は歩けないし、子供は小さいという中、将来がとても不安で・・・。夫は、通勤は片道2時間という生活の中、子供のお風呂の時間には帰ってこられるようにと、とても頑張ってくれて、すごく大変だったと思います。

私がブログで収入を得られるようになって家庭が安定しました。

やっぱり一番は、子供の将来のことが心配だったんです。子供を育てるのにはやはりお金がかかるので・・・。大学まで出るのにいくらいるとリアルな数字で考えると、この状態で大丈夫？　という不安があったところから、自宅で稼げるようになり、将来の見通しができたことでこれで、やっていけそうだねという話になりました。

夫はかなり協力的にサポートしてくれて、仕事以外のことも応援してくれています。周りの人にもご主人すごい優しいですよね！と言われるので、すごく優しいのだと思います（笑）。

古　かなり優しいですよ！　上浦先生のご主人の話を世の旦那さんたちに聞いてもらいたいです（笑）。

ところで、短期間で手難い結果が出るものなのですね。

上　やはりネットは早いですね。成功するパターンの人はかなり成果が出るのが早い人もいると思います。私は、「もうこれしかない！」と真剣にやっていました。

普通に今の状況だと近所のパートはできないですし、座り仕事も郊外に住んでいるのでなかなか見つからないので。不安はあったもののこれで成功するしかないという気持ちで、ひたすら実践したので成功したのかなと思います。

古　自営業になることでかなり気持ちも変わりましたか？

上　そうですね！　会社員から自営業へのマインドチェンジがかなりありましたね。

自分の責任で決められる範囲もかなり広くなった分、責任は全部自分ですし。雇われているだけだと税金のことも知らなかったので、知らなくてももったいないなかったところもかなりありました。

自分でやっていかなくてはいけないという楽しさと、責任により気の持ち方が変わりましたね。

古　そうですよね、経営者は決断の連続ですね。どうしようと思うことが多々あります（笑）。

上　決めたことに対して覚悟を決める！　というところが変わりましたよね。

でも夫婦でビジネスをやっているので夫に相談して決めることもありますね。

夫は妻のことをよくわかっているので、スッキリするアドバイスをくれたりします。

古　今後の展開や年商を教えていただけますか？

上　年商は会社時代よりは高くなりました（笑）。

今後は、ブログで収入を得る方法を教えてほしいとよく相談や依頼を受けることが多くなってきたので、私のように働きたくても身体や家族に制約があったり、時間に制約がある方にでも自分の力で稼いで幸せになる方法があるんだよと言う事を広めたくて協会を創りました。

今までの自分でブログ稼ぐという段階から、それを人に伝える活動をしていきたいですね。

社会に貢献したいと言うのもあって、自分がブログと出会った事で自分も家族も幸せになったので、同じように困っている人を助けたい。自宅で稼ぐ方法を教えて必要な方に届けたいと思っています。

古　ブログは私も習いにいかせていただきます！

上　ありがとうございます！

古　今後起業するかたへ一言アドバイスをお願いします。

上　私は実は起業したくて起業したのではなくて、純粋に働けなくなってしまったから家でできる事を探していたら「ブログ」という起業に出会ったという形でした。
ハードルが高いイメージの起業ですけど、小さいことや少しずつできる事からでも起業につながると思います。まず、「やってみる」こと。考えすぎるよりは、先に行動した方が、最終的に形になるということが多いなと言う実感があるので、「行動」することが大事だなと思います。

古　そうなんですよね。かなり先生のお話は皆さん勇気づけられると思います！　今日はありがとうございました。

エピローグ

お金に愛される生き方
～監修・坂下 仁 氏より～

いよいよ本書も残りわずかとなりました。

起業や副業ビジネスについては本編で古川さんに詳しく語ってもらいましたので、坂下の方からは最後にお金との付き合い方をお伝えさせていただきます。

そもそもお金とは、「物」や「ツール」ではなく「人の気持ち」です。だから、使ってもらう人を選ぶ。気が合わない人や悪いことをする人から離れていくのです。

ここを勘違いされて、短絡的な「お金儲け」に走る経営者はたくさんいらっしゃいますが、その多くは往々にして破綻していきます。

では、どうすればお金の方から近寄ってきてくれる人になれるのか?

どうすれば、恋人のようにいつまでも寄り添ってくれるのか?

短い章ですので、ヒントとなることをいくつかお話ししていきましょう。

①今までより「人」と「情報」にアンテナを立てる

「人・物・金・情報」は、企業経営に欠かせない経営資源だと言われています。「妻リッチ」起業も経営なので同じですが、超ミクロなレベルからスタートするので「物」と「金」は「ありあわせ」で何とか間に合います。

それよりも大切なのは「人」と「情報」です。

今の時代、ネット上に膨大な情報が溢れていますが、あなたにとって役に立たない情報はゴミ同然です。そんな無数のゴミの中から本当に必要な正しい情報を見つけることは、想像以上に難しい。

また、あなたやご家族が「妻リッチ」起業する際に「誰と関わり合いを持つか」によっても、成功するか失敗するかが決まってきます。

幸せなお金持ち同士は気が合うので、互いを引き寄せ合います。目には見えませんが、この「なんとなく気の合う」波長というものはとても大切なのです。

だから単純にあなたが「ああ、こんなお金持ちになりたいな！」という方と付き合ったり、学んでいればあなたもそんなお金持ちになれるのです。

つまり、お金に愛されるか否かは、選んだ「人」と「情報」次第なのです。

②嘘の情報に人生を左右されない

しかし、表面に見える「噂」を全て鵜呑みにして信じてはいけません。

新聞やテレビだからといって、その情報が必ずしも正しいとは限りません。本に書いてあることだって、どこまでが本当なのかを検証するのは難しい。しかも正しいか否かは受け取る人の価値観や時代の流れによっても変化する。

とはいえマスメディアの情報は発信者を特定できるので、無責任な発信をしにくい。だから明らかに間違えていれば訂正が入ります。

この点、一番気をつけなければならないのが、個人が発信するネット情報です。日本には言論の自由があるので、簡単にネット上でフェイクニュースを流したり、事実をねじまげて誰かを批判したりできます。

それが本当かどうかを確認することは難しいので、素直な人ほど信じてしまう。だから無防備にネットサーフィンすると、うそつき村に迷い込んだような得体のしれない不安感に悩まされます。

では、どうすればネット情報の真偽を見分けられるのか？

それは情報発信者の身元を確認することに尽きます。

身元がよく分からない人が発信する情報ほど危ないものはありません。その意味では結局のところ、「情報」の価値は「人」にひも付けされていく。行き着くところは結局「人」なのです。

このように、情報の信憑性を測る上では身元が分かるかどうかが最低限の条件です。その上で次に大切なことは、その人がどのような信念・信条を持っている人なのか、ということ。

なぜその人は情報発信をしているのか？
情報発信を通じて最終的に何を目指しているのか？
何に一番の価値観を見い出しているのか？

あなた自身がこれらを理解した上で、自分の価値観に照らし合わせて納得できるようであれば、その人が発信する情報には信じる価値があるのではないでしょうか。

③「貢献」「成長」「応援」「行動」を大切にする仲間をみつける

価値観についての理屈は、あなたが妻リッチ起業を通じてお付き合いする相手にも当てはまります。

例えば私の例で恐縮ですが、私の専門分野は「お金」です。

そこで、「お金を通して家族の幸せを実現する」ために、成長しながら貢献し、応援する行動を続けています。だから私にとって一番大切な価値観は、「貢献」「成長」「応援」「行動」です。

そんな背景から、人様や社会に「貢献」する活動をしている人に対して、私は特に強く共感するし、そんな人達を大切にするようになりました。

その結果、私の周りでは面白い現象が起こり始めました。

何かと言いますと、根本的な価値観が合わない人たちが、蜘蛛の子を散らすように私から離れていったのです。

人には「お金の天動説派」と「お金の地動説派」の2タイプがいるのですが、私から離れていったのは主に「お金の天動説派」の人たちでした。


お金の天動説派の人は無意識のうちに、お金を中心に行動し、反応します。

宇宙は「地球中心」であって、太陽も月も星もすべて地球の周りを回っているという天動説の考え方がありますが、これと同じように「お金中心」に思考回路ができあがっているからです。


「お金には価値がある」と心の底から信じていて、とにかくお金をもらうことに最大の喜びを感じる。

だから常に、お金を稼ぐためにどうするか？　と本能的に考えて行動する。

お金のために仕事をしたり、お金のために投資をしたり、お金のために副業をします。

天動説派の価値観の中核は「お金」なのです。

もちろん、お金がないと生きていけないし、お金が少ないと不便ですから、誰だってお金は多ければ多いほど嬉しいに決まっている。だから多くの人は天動説派からスタートします。

銀行員生活が長かった私は40年もの間、天動説派でした。雇われマインドの持ち主で、テイカー（Taker）が多いという点も天動説派の特徴です。

これに対してお金の地動説派は、「感謝の気持ち」を中心に据えています。

太陽系の中心にあるのは太陽であって、地球はその周りを自転しながら公転するというのが地動説ですが、太陽と同じように「感謝の気持ち」を中心に据えます。

「お金」とは、「感謝の気持ち」という名の太陽からエネルギーをもらって輝いている惑星と同じだ、と考えるのです。

貢献して相手に喜んでもらえないと感謝されないので、地動説派の人は「どうすれば相手に貢献できるか？」と考え続けます。

地動説派の価値観は「貢献」にあるのです。

地動説派の人は「お金とは貢献して喜ばれた結果として得られる副産物だ」ということを魂のレベルで知っています。だから安心して、誰かに喜んでもらうことにフォーカスし、自分が実現したいビジョンのために仕事をし、自分の得意なことを活かして貢献し続ける。

私は銀行員時代に株式投資で破産寸前に陥ったことをきっかけにこの真理に気づき、その時から地動説派へと転向しました。

こうして「貢献」という価値観を前面に出すに連れて、私の周りは徐々に、お金の地動説派で占められるようになってきました。

お金の地動説派の人の特徴は、起業家マインドの持ち主で、ギバー（Giver）だということ。同じ価値観を身につけている仲間が多いとストレスが減る。お互いに安心して応援しあえるようになり、相乗効果も膨らみます。

例えば第3章で紹介されていた『〝ママ〟は今すぐ〝社長〟になりましょう！「夫婦」で豊かになる「3つ」の不動産投資』（ごま書房新社）の著者である金子みきさんとご主人の哲也さんもそうですし、本書を著した古川美羽さんとそのご主人もそうです。

私が所属するお金のソムリエ協会の講師の多くがギバー（Giver）です。だから安心して本音で付き合えるし協力しあえる。協力しあえるから成果が出る。その秘訣を広めることに喜びを感じるので、メンバーが次々と著者デビューしています。

このように考えると、やはり最後は間違いなく「人」なのです。

価値観を共有できて共感しあえる仲間や家族は、かけがえのない存在だということ。価値観がブレずに「あり方」が整うと、ノウ・ハウもお金も後から自然に着いてくる。

「妻リッチ」起業術にチャレンジする場合はもちろんのこと、そうでない場合でも同じです。

私は、お金に愛される生き方とは結局のところ、家族や仲間を大切にする生き方だと思うのです。そして、家族や仲間を大切にする人だけが家族や仲間から応援され、お金からも愛されるようになる。

だからあなたにも、まずはそんな仲間を見つけるところから始めて欲しい。

あなたがお金に愛されるかどうかは、結局はあなたの「行動」次第で決まるのです。

あとがき

本書を最後までお読みいただきましてありがとうございました!

「女性にとって続けやすい働き方は何か?」

これは20代から30歳にかけて何もかも上手く行かず、ジタバタしていた私が悩んでいたことです。

家の廊下に転がって、悔しくて泣いた日もありました。

でもあの日、通勤電車の中で坂下仁先生の本と出会い、「妻リッチ」起業の働き方を知り、私の常識と人生は180度ガラッと変わりました。

レースクイーンという過酷な勝負の職場にはじまり、その後も倒産した会社やブラックな職場に当たって、それまで働き方のことなんて学ぶ機会がなかった私。

全くわからない世界に思い切って飛び込んだことから全てが始まりました。

毎日「難しいな・・・でも負けずに学ぼう・・・頑張るしかない！」と思い、必死に坂下先生の教えを学びました。


そして無我夢中で走り続け、気が付くと会社の社長、しかも年収1000万円の収入源も産まれていました。

周りにはたくさんの気の合う「妻リッチ」ご夫婦の仲間が溢れていたのです。

夫婦で協力しながら「妻を社長にする」にして豊かになる働き方、「妻リッチ」起業は「女性にとって長く続けられる働き方」の答えでした。


「ブランクがあったり年齢も50代になると思うようなパート先もないので、年齢関係なく取り組めます！　しかも夫婦で協力できる起業の方法が知れてよかった！」

「妻リッチ」起業をしたママ社長さんたちからも、こんな評価をたくさんいただいています。


でも、本を読んだり、働き方を知っただけでは何も変化はありませんし、家族も豊かになるわけではありません。

だから、「学んだこと」を実践することが一番大切なのです。

そして、「感謝の気持ち」を受け充実した「妻リッチ」ライフを送っていただきたいと思います。


今までの常識を捨て、新しいことをスタートするのはとても勇気がいることですが、「またそのうち」ではなく「いますぐ動き始めること」が大切です。

そんな皆さんの背中を押すために、これからもママ社長を増やすお手伝いをしていくことがいまの私のミッションになっています！


最後に、この度2冊目の著書を無事出版することができました。

多くのご縁や、アドバイス、仲間の応援のおかげと感謝しております。

この場を借りてお礼申し上げます。

まずは、崖っぷちから脱出する方法をご指導いただき本書の監修を引き受けてくださいました坂下仁先生。

取材にご協力してくださいました舛添菜穂子・タロウさんご夫妻、妻リッチ起業仲間のなかしままさ美さん・健志さんご夫妻、西村幸子さん・健太さんご夫妻、日本おうちワーク協会代表理事の上浦有賀さん・基さんご夫妻。

さらに、戸建て投資やＤＩＹのアドバイスをいただいた日曜大家さん、暖かく応援してくださる富士企画（株）の新川義忠さん、白鳥つばささん。いつも様々なアドバイスをくださる星野友絵先生、ママ社長仲間である金子みきさんご夫妻、お金のソムリエ協会の講師仲間のみなさん、倶楽部のみなさん。本当にありがとうございます！

そして、出版の機会を与えてくださった、ごま書房新社の大熊さん、編集協力の布施ゆきさん。

この場に書ききれないのですが、本当に多くの皆さんに感謝しています。

冬の時期の執筆ということもあり、娘はインフルエンザになったり、夫も倒れたりがありましたが、大変な中も執筆作業ができるように協力してくれた家族に感謝しています。

皆さんのご家庭が豊かに、幸せに過ごせるよう願っております。

古川 美羽

2020年1月吉日

著者略歴

著者：古川 美羽（ふるかわ みわ）

東京在住の子育て中の主婦。ママ社長®、非営利型一般社団法人お金のソムリエ協会認定講師、事務局長。大学在学中に華やかな世界に憧れレースクイーンとなる。数年後、業界の不安定さに将来の不安を感じ一般職に転職するも、その直後にリーマンショックで就職先が倒産。結婚後も夫の会社が不祥事で状況が変わるなど、夫婦で崖っぷちに立たされる。しかし、著書を通じて知った坂下仁氏の「妻社長メソッド」に出会い人生が一変。生まれたての娘を抱え在宅中心にも関わらず、不動産投資を中心とした「ママ社長」起業により、わずか3年でOL時代の4倍の安定収入を得られる事業として確立した。国内外で所有する4棟の不動産物件による家賃収入を含め、年収は1000万円以上となっている。自身の経験から、より多くの夫婦に「生活のゆとりと将来の安心を手に入れて欲しい」と願い、「お金のソムリエ協会」の認定講師や起業・不動産投資セミナー講師としてノウハウを提供している。その華やかなスタイルから雑誌・WEBなどでも話題沸騰中。著書に『子育てママがおうちにいながら年収1000万円稼ぐ投資術』（セルバ出版）がある。

●Facebook『古川美羽』https://www.facebook.com/furukawa.miwa.313
●ブログ『妻リッチ起業でママ社長®に！元レースクイーン大家になりました』
https://ameblo.jp/puppy-tamago/
●instaglam　https://www.instagram.com/miwa_sommelier/?hl=ja
●メール講座　https://resast.jp/subscribe/93551

監修：坂下 仁（さかした じん）

非営利型一般社団法人 お金のソムリエ協会 会長。
大学卒業後、M銀行を経て、お金のソムリエ協会を設立。「お金のソムリエメソッド」は、テレビ、雑誌、新聞等多くのメディアで紹介され話題。ベストセラーとなっている『いますぐ妻を社長にしなさい（シリーズ）』（サンマーク出版）、『サラリーマンこそプライベートカンパニーをつくりなさい』（フォレスト出版）ほか、著書累計の発行部数は20万部となっている。

●坂下仁公式サイト　https://moneysommelier.com
●お金のソムリエ協会公式サイト　https://os-k.com

崖っぷち夫婦が"副業"で年収1000万円産み出した「妻リッチ」起業術！

著　者　古川 美羽
監　修　坂下 仁
発行者　池田 雅行
発行所　株式会社 ごま書房新社
〒101-0031
東京都千代田区東神田1-5-5
マルキビル7F
TEL 03-3865-8641（代）
FAX 03-3865-8643
カバーデザイン　堀川 もと恵（@magimo創作所）
印刷・製本　東港出版印刷株式会社

ISBN978-4-341-08756-2 C0034

ごま書房新社の本

話題の主婦大家！
“なっちー流”３作目
大好評発売中！

～小さな不動産投資を重ねて
“HAPPY人生”をつかむ方法～

コツコツ月収80万円！ 主婦大家“なっちー”の 小さな不動産投資術。

主婦大家さん　舛添 菜穂子（なっちー）　著

【話題の主婦が、 家賃月収80万円になってパワーアップ！】

知識なし、銀行融資なし、少額貯金から成功した“なっちー流”公開。フツーの主婦が「戸建て7戸」「マンション3室」「団地3室」「アパート1棟」を次々と購入した方法とは！ 初心者向け6つの不動産投資術で、ちいさく始めてどんどん収入を増やすノウハウを学べる一冊。

本体1480円＋税　四六版　220頁　ISBN978-4-341-08723-4　C0034

いま話題の秘書大家こと
金子みきさん初著書！
主婦流・起業&投資術

～家事のあいまに「コインパーキング」
&「中古戸建て」&「アパート」経営で
家賃収入40万円！～

“ママ”は今すぐ “社長”になりましょう! 「夫婦」で豊かになる 「3つ」の不動産投資

金子 みき　著

【“おうち”にいながら月収40万円!!】

共働き家庭&子育て主婦のこれからの稼ぎ方誕生。
フツーの主婦が起業して社長になって、3つのジャンルの不動産投資で経済的自由を得た方法を紹介。

本体1550円＋税　四六版　244頁　ISBN978-4-341-08737-1　C0034